GERARDO GARCIA MANJARREZ

MENTE
MILLONARIA

Dirección editorial: Marcela Luza
Edición: Carolina Genovese y Gonzalo Marín
Coordinación de diseño: Marianela Acuña
Diseño: Juana Oyuki Alvarez Borbolla y Cristina Carmona
sobre maqueta de Cecilia Aranda

© 2018 Gerardo Garcia Manjarrez (Jerry)
© 2018 VR Editoras, S. A. de C. V.
www.vreditoras.com

Dakota 274, colonia Nápoles,
C. P. 03810, alcaldía Benito Juárez, Ciudad de México.
Tel: 55 5220–6620 • 800–543–4995
e-mail: editoras@vreditoras.com.mx

Primera edición
Décima reimpresión: septiembre de 2025

ISBN: 978-607-7547-86-0

Hecho en China.

GERARDO GARCIA MANJARREZ

MENTE MILLONARIA

CONSTRUYE TU PROPIO IMPERIO

VR
EDITORAS

ÍNDICE

INTRODUCCIÓN

Dicen que el dinero no duerme, pero lo cierto es que tampoco está despierto. El dinero no corre ni tampoco se burla de ti. Ni siquiera te ve como un buen o mal aliado. No quema, no es esquivo ni rencoroso, tampoco está maldito. Somos nosotros los que le ponemos otros nombres y apelativos porque así tratamos de entenderlo, dándole cualidades que no tiene. Y creyendo que tal vez de esta manera puede mejorar nuestra relación con él, pero nada más alejado de la realidad. Es necesario responsabilizarnos y romper con viejos paradigmas que rodean el tema.

Hemos creado obstáculos y limitaciones innecesarias debido a que no estamos conscientes de cómo funciona el sistema financiero en la era en la que vivimos. Y a causa de las deudas económicas, el mal manejo de nuestros fondos, y un sinnúmero de otras situaciones, hemos desarrollado malos hábitos financieros. Todos nos sentimos atrapados y sin salida dentro de ellos, aunque siempre buscamos una mano que nos ayude a levantarnos en medio de tanta agitación.

Al igual que la mayoría, en mis primeros años de educación básica jamás tuve una materia de educación

financiera ni de inteligencia emocional. Nadie me enseñó a vivir una vida plena sin tener que sentirme acorralado y frustrado por el tema monetario. Me tocó aprender a golpes, rasparme las manos y sobrevivir con una gran carga sobre los hombros. Este libro está dedicado a todas esas personas que se sienten desesperanzadas, pero también les servirá a quienes se encuentren en la posición contraria, confirmando aún más sus argumentos.

Todos tenemos algo para modificar: algunos quieren ahorrar, otros buscan pagar deudas o hay quienes desean invertir. No importa en qué situación te encuentres, no importa qué edad tengas, ni a qué te dediques, si el dinero es un recurso abundante en tu vida o si te resulta escaso. No importa si eres un emprendedor, un empleado, un pequeño empresario, si ya tienes un negocio armado o estás por emprender un nuevo proyecto. Este libro es para ti.

Llevamos un gran tesoro sobre nuestros hombros: se llama mente. Y puede ser millonaria siempre y cuando lo quieras. A ti están dedicadas estas líneas que invitan a vivir ligero, pero con cimientos sólidos. Este proyecto es para ti y por ti, ya que cualquier realidad puede ser cambiada incorporando nuevas herramientas y adquiriendo nuevos hábitos. Aquí descubriremos la llave maestra que abre las puertas a una vida de esperanza, llena de nutrición financiera y de riqueza, valiéndonos de tus dones y habilidades.

Mente millonaria no se trata solo de dinero, sino de superar la bancarrota mental causante de mucha pobreza en el mundo. Este libro es una herramienta para que seas abundante, con estrategias de ahorro, métodos de inversión y, lo más importante, con ejercicios para llevar a la práctica sus contenidos. El objetivo final es que encuentres tu propia libertad.

Cada capítulo está compuesto por una primera parte teórica, que combina educación financiera, inteligencia emocional, motivación y desarrollo personal. Luego te encontrarás con una historia que ejemplifica lo anterior, para pasar a la parte práctica, y para la cual necesitarás tener cerca una libreta y una pluma para poder desarrollar los ejercicios. Al final de cada capítulo, encontrarás un pequeño secreto que te prometo que te servirá de gran ayuda para tu nueva vida financiera.

Mente millonaria te hará descubrir la luz de esta maravillosa verdad: todos podemos acceder a una vida de libertad financiera mediante la mentalidad correcta. Escribí este libro porque padecí muchas batallas económicas, emocionales y espirituales, y veo que es urgente y necesario generar un cambio, una transformación positiva en cada uno de estos aspectos. Puedes ser libre y feliz. Créelo. Visualízalo. Hazlo posible. Tienes en tus manos la guía perfecta que te ayudará a encontrar el camino. ¡Adelante!

CAPÍTULO 1

DESNUTRICIÓN FINANCIERA

¿POR QUÉ ES TAN DIFÍCIL PARA ALGUNOS PRODUCIR RIQUEZA Y PARA OTROS PARECE TAN FÁCIL? ¿POR QUÉ MUCHOS PASAN SU TIEMPO PERSIGUIENDO EL DINERO DE UNA MANERA AFANOSA, GASTANDO ENERGÍAS Y SIN DISFRUTAR LA VIDA, MIENTRAS OTROS PREFIEREN ESPERAR CALMADAMENTE UN GOLPE DE SUERTE? ¿QUÉ PASA SI QUIERO GANAR MÁS, PERO NO SÉ CÓMO? ¿O POR QUÉ ME ENDEUDO Y ME PROGRAMO PARA REALIZAR LOS PAGOS, PERO NO CONSIGO LIQUIDAR LA DEUDA? SI EL DINERO AFECTA TODO LO QUE NOS RODEA, LO MÁS LÓGICO SERÍA PENSAR EN EDUCARNOS EN ESTE TEMA. SI NADIE TE EXPLICÓ CÓMO RELACIONARTE CON EL DINERO, AQUÍ ENCONTRARÁS LA GUÍA QUE ESTABAS BUSCANDO, SIN IMPORTAR TU CONDICIÓN ACTUAL. PUEDES GENERAR UN CAMBIO SUSTANCIAL EN TU VIDA DESARROLLANDO LOS NUTRIENTES FINANCIEROS CORRECTOS. LA AYUDA QUE NECESITABAS AHORA ESTÁ EN TUS MANOS. ASÍ QUE PONTE CÓMODO Y DISFRUTA EL VIAJE.

TE DARÉ MÁS DETALLES

TODOS PODEMOS CONSEGUIR GRANDES VICTORIAS

En gran medida, la vida implica aprender a vivir ligeros, pero entendiendo los principios fundamentales de la abundancia. De este modo lograremos acceder al banquete económico del mundo sin miedos, desesperación, ni avaricia desmedida. Por ende, tenemos que conocer cómo funciona el dinero en nuestro sistema. Desgraciadamente, esto no se enseña en las escuelas, tampoco se habla de la inteligencia emocional y, mucho menos, de educación financiera. Así que vamos a detenernos un momento en este punto.

¿EN QUÉ CONSISTE LA EDUCACIÓN FINANCIERA?

- En saber cómo funciona el dinero en general y en la vida de las personas.

- En entender cómo producir dinero, conservarlo y multiplicarlo para ponerlo al servicio de los demás, generando bienestar en tu familia y en la sociedad.

- En desarrollar las habilidades necesarias para su buen manejo.

Muchos suelen decir: "Cuando tenga tal cosa material, seré esto"; "Cuando alcance tal puesto en mi empresa, seré una mejor persona"; "Cuando salde esa deuda, seré feliz". Grave error. No esperes tener para llegar a ser. Si lo hacemos, dejamos de mirar a la persona que somos en el presente y posponemos sueños y ambiciones, con lo cual equivocamos el camino. En todos nosotros existe una tendencia a buscar gratificaciones inmediatas. Por supuesto, nadie quiere gastar tiempo y esfuerzo sin conseguir algo a cambio en el menor tiempo posible. A primera vista, esto no tendría nada de malo. El problema radica en que estas recompensas rápidas nos impiden ir en busca de algo mejor.

PUEDES GENERAR UN CAMBIO SUSTANCIAL EN TU VIDA DESARROLLANDO LOS NUTRIENTES FINANCIEROS CORRECTOS.

Para combatir las gratificaciones inmediatas debemos comenzar por tener un propósito muy firme, aferrarnos a nuestros ideales con gran convicción y forjar un fuerte compromiso con una mentalidad millonaria las 24 horas. Lo más importante es ser capaz de administrar lo que tienes para que el universo te dé más. Ahí está la clave.

¿Te estresa saber que nunca te alcanza el dinero para llegar a fin de mes y te la pasas quejándote de la escasez? Conozco esa sensación. La tuve mil veces. Pero el mayor problema es este: al quejarnos de nuestra realidad, tenemos y transmitimos pensamientos de

escasez a los demás y violentamos nuestro interior. Es decir, solo perpetuamos esta condición. Y una persona que no está tranquila, que vive quejándose de lo que no tiene, en definitiva, no puede pensar bien, y menos ocuparse de descubrir para qué vino a este mundo. Por eso es tan importante entender que la calidad de los pensamientos determina gran parte del éxito en la vida de los seres humanos. De ahí que sea fundamental nutrir tu mente y desarrollar buenos hábitos para llegar a donde quieres. Pensar no mata, al contrario, te da vida y te despierta. Cuando le das a la mente los nutrientes correctos, obtienes pensamientos de calidad para avanzar.

NO ESPERES TENER PARA LLEGAR A SER.

> TODOS TENEMOS LAS MISMAS OPORTUNIDADES. SOLO NECESITAMOS NUTRIRNOS FINANCIERAMENTE.

DESARROLLA
TUS CAPACIDADES
NATURALES

El dinero no determina quién eres, sino cómo ayudas a los demás con tus capacidades naturales. Aunque vivimos en tiempos de cambio que provocan incertidumbre, no hay que dejar que esto mate nuestros sueños, ni que la motivación desaparezca, ni que las ganas de vivir terminen consumidas por uno de los principales males de este siglo: la desnutrición financiera.

Estamos adquiriendo deudas graves, tenemos malos hábitos financieros, somos desorganizados en las actividades que desempeñamos, estamos en trabajos aburridos, hacemos compras compulsivas y hasta padecemos desórdenes emocionales a causa del dinero. Te explico por qué: gastar dinero nos brinda tanta satisfacción que nos damos permiso para gastar más de lo que ganamos. Pero esto nos puede llevar a una gran crisis económica de la que tal vez nunca podremos salir. ¿Y, entonces, por qué nos pasa? Simplemente porque no estamos nutridos financieramente. Es decir, no tenemos educación financiera y, además, no estamos usando nuestras capacidades naturales para generar riqueza en nuestras vidas. Vamos por el primer trabajo que encontramos porque el sistema nos orilla a eso, cuando, más bien, deberíamos ser conscientes de nuestros dones naturales. Muchas personas subestiman los dones que poseen y terminan sintiéndose frustrados y enojados todo el tiempo. Pero déjame decirte una cosa: absolutamente todos somos buenos en algo. Aunque, hay que decirlo, no basta con conocer y monetizar esas capacidades naturales que tenemos, pues es necesario nutrirlas y trabajar en ellas todos los días.

Te doy un ejemplo: una estrella de fútbol tiene que entrenar y perfeccionarse a diario para poder explotar su talento y trabajar en equipo al momento de estar en la cancha, para ganar el partido. En otras palabras, no es suficiente solo conocer tus capacidades naturales para llegar al éxito, sino que hay que tener la motivación correcta, además de disciplina y constancia. Veamos el caso del futbolista argentino Lionel Messi. Él entrena todos los días, a pesar de hacer magia con el balón y de ganar millones de dólares. Esto significa que potencia sus capacidades para explotarlas al máximo.

Si consideras lo anterior, te darás cuenta de que es necesario que exista un cambio profundo en tu interior, a fin de que transformes tu contexto y cambies tu chip mental por uno que nutra tu propósito de vida. Además, es preciso que te acerques a las personas correctas y evites estar con personas nocivas que te roban la energía y te transmiten mensajes negativos que no te aportan nada. Para ser una persona abundante es fundamental que la misma abundancia habite en tu mente y en tu corazón. Nadie puede llegar a ser próspero con una mentalidad de escasez.

> SI LE DAS A TU MENTE LOS NUTRIENTES CORRECTOS, CAMINARÁS POR LOS SENDEROS DEL ÉXITO Y DE LA PAZ INTERIOR.

EL DINERO NO DETERMINA QUIÉN ERES, SINO CÓMO AYUDAS A LOS DEMÁS CON LAS CAPACIDADES NATURALES QUE YA POSEES.

UNA VIDA PRÓSPERA

Se ha hablado mucho del exboxeador estadounidense Mike Tyson, quien a pesar de haber ganado millones de dólares durante su carrera, hoy prácticamente está en bancarrota. Su caso nos recuerda que tener dinero no te garantiza que lo vayas a conservar toda tu vida. Y aquí es cuando nos damos cuenta de que el problema no es la falta de dinero, sino la ausencia de una educación financiera.

La verdadera prosperidad consiste en saber generar, acrecentar, proteger y compartir la riqueza. Tener una vida próspera implica alimentar nuestra mente con los nutrientes correctos, tal como haces con los alimentos que te llevas a la boca todos los días para obtener energía y desempeñarte en tus distintas actividades.

Lo que hacen los verdaderos ricos diariamente es tener hábitos sanos, que incluyen nutrir su mente, su cuerpo y su espíritu, encontrar la fe en ellos mismos, alejarse de las personas negativas, alimentarse de manera sana y ejercitarse. Meditar, leer biografías de personas exitosas, asistir a seminarios y perfeccionar el arte de la buena administración. En definitiva, lo que promueven es convencer a su mente de que los límites no existen, ya que esto les da las bases necesarias para generar riqueza continua en su vida. A eso hay que sumarle la capacidad natural que hay en ti, es decir, aquello en lo que eres realmente bueno, y que es el ingrediente principal que fortalece tu grandeza como ser humano. No llegamos desprotegidos a este mundo. Todos tenemos una chispa interior y una habilidad natural que se reconoce cuando algo nos ilusiona, que hace que cada momento sea único y nos mueve a levantarnos de la cama con entusiasmo. Es un impulso, una energía que te invita a tener una actividad armoniosa que te produzca bienestar. Por ejemplo, mi chispa interior me invita a escribir todos los días y esto hace que mis días tengan un sentido muy especial.

Ahora hablemos de la prosperidad...

¿EN QUÉ CONSISTE?

- El término no solo se refiere a lo material, sino que adquiere un sentido más amplio e integral, ya que puedes ser próspero en lo familiar, en tus amistades, en lo espiritual y en tus actividades laborales.

- La prosperidad abarca lo que necesita cada ser humano para estar en armonía con su entorno, pues crea un ambiente saludable y trae paz a tu corazón.

- Ser próspero tiene que ver con ser abundante, es decir, tener mucho de todo y de manera equilibrada. Porque de nada te servirá tener dinero, pero no salud.

Las personas desnutridas financieramente y con mentalidad de escasez suelen generar muy poca riqueza, y si logran generarla, lo hacen desde la desesperación. Algunos incluso llegan a robar y estafar, porque no saben cómo tener prosperidad en su vida y creen que la única salida es dañar a sus semejantes.

En este punto quiero invitarte a que te nutras de aquello que genere valor para ti. Por ejemplo, piensa en qué tipo de vida te gustaría vivir. Toma una servilleta y escribe en ella cuáles son tus fortalezas para lograrlo. Después, imagina y determina la ruta que te acercará más y el mejor modo de conseguirlo. Con esto no me refiero solamente al tema financiero; puede ser cualquier área que fortalezca tu desarrollo personal, es decir, aquello que te haga feliz. Algunas personas invierten en unas buenas llantas para sus autos, pero no en su propio desarrollo, por lo cual no mejora su crecimiento. Pagarte el mejor seminario de liderazgo o quizás asistir a una conferencia del mejor gurú en administración deben ser una inversión primordial. Siempre tienes que hacer todo lo que esté en tus manos, y más, para convertirte en la mejor versión de ti mismo. Así serás una persona de excelencia. Así obtendrás una mentalidad millonaria.

> ❝ QUIEN TIENE ORDEN EN SU CORAZÓN, GENERA PROSPERIDAD EN SU EXTERIOR. ❞

UNA HISTORIA PARA CONTAR

Hace algún tiempo acudí con mi hijo al supermercado. Y como es costumbre en un niño de su edad, me pidió ir a la sección de juguetes. De pronto, me dijo: "Papi, no es caro este juguete, ¿lo podemos comprar?". Y así fue como indagué en su pregunta: "¿Pero por qué siempre te preocupa si es costoso algo que te gusta?". Su respuesta fue contundente, como siempre: "Es que escucho a las personas decir: 'No, eso no lo podemos comprar porque es muy costoso, hoy no'. Pareciera que todos los adultos siempre dicen lo mismo". En ese momento me quedé sin palabras y me di cuenta de que a las generaciones venideras les estamos creando falsos paradigmas.

Le dije: "Claro que puedes tenerlo, pero tienes que ahorrar y cumplir tus obligaciones. Cada moneda que te doy para el colegio puede convertirse en un amigo que te ayudará a adquirir ese juguete que te gusta. Así que quiero que cada vez que te guste algo, luches por ello e imagines tu alcancía llena de monedas. Una vez llena, podrás venir conmigo a comprar ese juguete que tanto te gusta. Pero tienes que tener en cuenta que debes ser responsable y hacer tus tareas, cumplir con tus obligaciones en casa y portarte bien".

Su rostro cambió, porque ya sabía que existía una posibilidad de tener todos los juguetes que le gustaran. En el fondo, ¿qué es lo que buscaba generar en mi hijo? Quería sembrar la idea que desde pequeño luche por lo que quiere, que tenga una mentalidad de abundancia y sea responsable con sus obligaciones. Así creará hábitos sanos porque sabrá que ahorrar cada moneda le costará y tendrá que ser constante para llenar su alcancía. Se tendrá que esforzar por conseguir lo que quiere y sabrá que no todo se obtiene fácilmente, pero al mismo tiempo tomará conciencia de que puede obtener lo que desee.

La intención final era que sintiera una pequeña frustración motivadora para evitar las gratificaciones inmediatas. Con educación financiera, cualquier persona puede cumplir sus metas y ambicionar lo que quiera, porque tiene las herramientas y los nutrientes que se necesitan.

GENERA ABUNDANCIA

Analiza tu situación actual con el dinero y anota lo que piensas en tu libreta. Así podrás ver cómo se encuentra tu nutrición financiera.

1. **¿Qué creencias sociales limitan tu relación frente al dinero?**
Es decir, cómo fuiste programado y qué escuchabas a tu alrededor. Por ejemplo, ¿estabas acostumbrado a escuchar frases como: "El dinero te va a alejar de la felicidad"; "Te convertirás en una persona avara"; etc.?

2. **¿Qué creencias heredadas de tu familia te limitan frente al dinero?**
En muchas ocasiones, en nuestras familias tenemos arraigada cierta cultura acerca del dinero. Incluso para algunos es un tema tabú o simplemente es de mala educación hablar de dinero. Por ello, es importante que seas consciente de todo aquello que te limita e impide nutrirte financieramente.

3. **¿Cuál es tu actitud actual frente al dinero? ¿Estás enojado, angustiado, desesperado, indiferente?**
Exprésalo con detalles. En este punto puedes recordar alguna anécdota o situación que te haya marcado de manera negativa. Por ejemplo, quizás de niño te sentías mal

por no poder tener el videojuego o juguete de moda que todos los niños tenían. Y como te sentías excluido del círculo de tus amigos, por esto, le guardaste rencor al dinero o a tus padres.

4. ¿Cómo es hoy la prosperidad en tu entorno (familia, casa, amigos, trabajo)?

Qué piensa la gente que te rodea de la prosperidad. ¿Son prósperos algunos, todos, ninguno?

¿QUIERES CONOCER UN SECRETO?

SI QUIERES ABUNDANCIA EN TU VIDA, NUTRE TU MENTE Y TUS EMOCIONES. PUEDES LEER TODOS LOS DÍAS DURANTE 30 MINUTOS TEMAS RELACIONADOS CON EL DINERO Y LA INTELIGENCIA EMOCIONAL. EN SOLO UN PAR DE SEMANAS NOTARÁS LA DIFERENCIA.

EN RESUMEN

MENTE APAGADA →
- AUSENCIA DE SUEÑOS Y AMBICIONES
- DESORDEN FINANCIERO
- HÁBITOS DE ESCASEZ
- FALTA DE DINERO
- DESCONOCIMIENTO DE SUS FORTALEZAS
- DESCONCIERTO EMOCIONAL
- FALTA DE VOLUNTAD Y DETERMINACIÓN

} **DESNUTRICIÓN FINANCIERA**

MENTE MILLONARIA →
- AMBICIÓN SANA
- CREATIVIDAD FINANCIERA
- HÁBITOS DE RIQUEZA
- ABUNDANCIA
- IDEAS RENTABLES (MONETIZA SUS TALENTOS)
- EQUILIBRIO EMOCIONAL
- FUERZA MENTAL

} **NUTRICIÓN FINACIERA**

CAPÍTULO 2

EL SECRETO DE LA NUTRICIÓN FINANCIERA

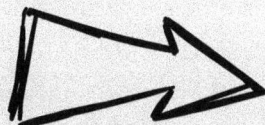

PARA LOGRAR CAMBIOS SIGNIFICATIVOS, TIENES QUE COMENZAR A ACTUAR DE UN MODO DIFERENTE. RENOVARSE Y ESTAR EN UN CONSTANTE APRENDIZAJE ES LA MANERA INDICADA. ES NECESARIO ALIMENTAR TODOS LOS DÍAS ESA CHISPA INTERIOR QUE NOS MANTIENE EN MOVIMIENTO Y LE DA UN SENTIDO A NUESTRA REALIDAD. DE ESE MODO, TE ASEGURO QUE SE AVECINARÁ UN CAMBIO EN TI QUE TE PERMITIRÁ BRILLAR Y ALUMBRAR TU CAMINO.
ASÍ QUE SI QUIERES ALCANZAR LA TAN ANHELADA LIBERTAD FINANCIERA, ESA EN LA QUE NO TENGAS QUE PREOCUPARTE POR LA PARTE MONETARIA DE TU VIDA, TIENES QUE REALIZAR CAMBIOS SUSTANCIALES DE FONDO. TODO AQUEL QUE QUIERA QUE SU ECONOMÍA CAMBIE, DEBERÁ NUTRIR SU MENTE Y DESARROLLAR NUEVOS HÁBITOS. DESAPRENDER LO APRENDIDO ES LA PRIMERA PARTE DE ESTE PROCESO. NO ESTÁS AQUÍ SOLO PARA PAGAR DEUDAS, SINO PARA EVOLUCIONAR, VIVIENDO PLENO Y FELIZ.

➡️ TE DARÉ MÁS DETALLES

CAMINA HACIA EL PROGRESO FINANCIERO

Vivimos en un mundo de abundancia, donde a menudo se nos ha hecho creer que el dinero es escaso, pero nada más lejos de la realidad. Déjame decirte que lo que sobra es dinero. Por lo tanto, un mundo lleno de prosperidad y libertad te está esperando para que lo aproveches y progreses financieramente.

¿EN QUÉ DEBE ESTAR SUSTENTADO EL PROGRESO FINANCIERO?

• Conservar una buena salud física.

• Desarrollar una buena relación con el dinero.

• Mantener buenas relaciones personales.

• Cultivar tu inteligencia emocional y financiera.

• Descubrir tus capacidades y fortalezas.

• Monetizar tus capacidades y fortalezas.

• Desarrollar hábitos millonarios.

CONSERVAR UNA BUENA SALUD FÍSICA. Este punto es clave, ya que mantener un buen estado te permite tener claridad mental, así como las motivaciones correctas que se requieren para ser feliz y gozar de la abundancia. Si te sientes bien por dentro y en buen estado físico, lo proyectarás al exterior. Haz ejercicio y llénate de la energía correcta. Valora y cuida tu salud, que es un tesoro.

DESARROLLAR UNA BUENA RELACIÓN CON EL DINERO. El dinero es neutro, se deja encontrar por cualquiera y no hace distinciones. Y si lo que más abunda en este mundo es la riqueza, solo me resta preguntarte: ¿estás preparado para ella? Haz las paces con el dinero si aún lo ves ajeno o cargado de valores negativos. Y no lo mires como algo inalcanzable, porque tus emociones pueden estar afectando tu relación con él. De ahora en adelante, el dinero es tu amigo.

MANTENER BUENAS RELACIONES PERSONALES. Es vital estar rodeado de las personas correctas. En el camino que te llevará a tener una vida de abundancia y con una mentalidad millonaria, busca personas que aporten valor a tu vida y que te permitan soñar en grande. Para esto pueden aplicar parejas, amistades, familiares, etc. No te rodees de personas que solo traen habladurías e invenciones y critican a tus espaldas cualquier cambio que puedas estar haciendo en tu vida. Son aquellas que todo el tiempo te dicen que los ricos son personas malas, avaras y despreciables, pero en el fondo envidian su riqueza. Ten cuidado con ellos, porque todo el tiempo estarán saboteando tus proyectos.

CULTIVAR TU INTELIGENCIA EMOCIONAL Y FINANCIERA.

¿Cómo están tus emociones hoy? ¿Cómo estás superando los obstáculos financieros del día a día? ¿Tus emociones te controlan o tú a ellas? ¿Tus pensamientos te limitan o te dejan una sensación de grandeza? Entiendo que todos los días existen enormes retos y un sinnúmero de dificultades que nos impiden ser conscientes de lo que pensamos y de lo que dejamos entrar a nuestras mentes. Por lo que quiero compartirte un consejo: toda riqueza primero se gesta en nuestro interior. De otro modo, ¿cómo alguien puede aspirar a generar abundancia en su vida si todo el tiempo es negativo y no está en equilibrio? ¿Cómo pretende manejar mejor sus finanzas si nunca ha investigado o estudiado sobre la inteligencia financiera?

DESCUBRIR TUS CAPACIDADES Y FORTALEZAS.

Si aún no las tienes claras, no te preocupes. Comienza por hacerte estas preguntas: ¿qué te hace feliz? ¿Qué te inspira? ¿Con qué sueñas? ¿Qué brinda paz a tu corazón? ¿Qué hace que te levantes emocionado por las mañanas? ¿Cómo te ves en el futuro? ¿De qué te la pasas hablando sin preocuparte del tiempo? ¿Qué te hace sentir orgulloso ante los demás? Tómate tu tiempo para contestar. Si es posible, apártate con lápiz y papel a un lugar sin ruidos y con la tranquilidad que se requiere para contestarlas. La forma más rápida de expandir tu alma y nutrirla de riqueza es encontrar aquello que te hace feliz.

MONETIZAR TUS CAPACIDADES Y FORTALEZAS. No basta con conocer para lo que somos buenos, sino que debemos trabajar con esas capacidades para generar abundancia. ¿Cuántas veces nos hemos topado con gente muy talentosa, con habilidades increíbles y muy creativas, pero que se encuentran en la ruina total? Podemos ver a personas en las calles tocando algún instrumento de manera extraordinaria y recibiendo una moneda. O hemos encontrado a algún artista tratando de vender sus cuadros a precios muy bajos en un parque, sin éxito. Ellos ya tienen el 50 % del ciclo. El otro 50 % es aprender a crear y diseñar un modelo de negocio óptimo para que el dinero llegue a ellos en cantidades mayores. Si no sabes cómo monetizar tus capacidades, el engranaje económico se estanca. Debemos entender que cada persona y sus dones naturales son una empresa y, como tal, es necesario aprender a gestionarlos.

DESARROLLAR HÁBITOS MILLONARIOS. La manera en la que uno habla y se comporta es el fiel reflejo de sus pensamientos. Nadie puede llegar a experimentar abundancia y riqueza en su vida teniendo los típicos hábitos de una mentalidad de escasez. Es como pedirle a un recién nacido que se ponga a caminar: no puede porque su organismo no ha madurado para dar esos primeros pasos. Si aspiramos a tener y desarrollar los hábitos que nos conduzcan a obtener libertad financiera, también es necesario emular a esas grandes figuras que lo han logrado. Yo he estudiado las biografías de millonarios a los que admiro, ¿y tú? ¿Qué esperas para hacerlo? En este mundo hay dos clases de personas: los que hacen lo que les corresponde para generar riqueza y los que están en una batalla interminable consigo mismos por no contar con una determinación voraz ni la constancia que se requiere.

HAZ LAS PACES CON EL DINERO SI AÚN LO VES AJENO O CARGADO DE VALORES NEGATIVOS.

> "SI NO TIENES TIEMPO PARA DESARROLLAR BUENOS HÁBITOS, LA PROSPERIDAD TAMPOCO TENDRÁ TIEMPO PARA TI."

¿QUIÉN TIENE MÁS?

No se trata solo de hacer dinero. Tienes que contar con la capacidad de administrar y duplicar lo que posees con responsabilidad y conciencia. Al final, no tiene más quien gane más, sino el que muestra un buen manejo de su tiempo y sus capacidades.

Enfócate en saber administrar y aportar valor al mundo. Tienes que dar para poder recibir. El problema surge cuando quieres tener y hacer millones, pero no das nada a cambio, o ni siquiera actúas para lograr tus sueños. Como ya mencioné antes, no es correcto pensar primero en lo que quieres tener para después ser. Olvídate de eso. Puedes adquirir una mente millonaria hoy y no necesitas nada más que tu determinación para conseguirla.

Aquí te dejo una clave fundamental al respecto: si aportas soluciones, el mundo te dará mucho más de lo que necesitas. Un millonario es alguien que aportó soluciones y, por lo tanto, valor a millones de personas. Muchos buscan cómo aprovecharse de alguien o de una situación para poder tener. ¿Pero te das cuenta del error que existe en este pensamiento? En una operación comercial de cualquier tipo, normalmente la gente con una mentalidad de escasez quiere ganar y que la otra parte pierda. Sin embargo, en una operación comercial sana no se debe violentar la naturaleza del intercambio, por lo que toda operación debería concluir en ganar-ganar. Es decir, en toda operación comercial nunca debes perder de vista que todos deben ganar con ella. La cantidad de riqueza que tengas es directamente proporcional al valor que estás creando y entregando. La gente va a querer tu producto o servicio y querrá pagarte debido al valor que le aportas.

Otro aspecto muy importante es que muchos están totalmente convencidos de que existe una sola forma de generar ingresos: intercambiando su tiempo por dinero. Pero este no es el único camino. Puedes ser empleado, empleador o ambos. Todo dependerá de cuánta determinación tengas. Así que quita este pensamiento de tu mente. Hay muchas formas de generar ingresos; intercambiar tu tiempo por dinero es solo una de ellas. No hay nada de malo en ser empleado; lo malo es pensar que es la única fuente de ingresos posible. Muchos dependen de una fuente de ingresos estable y constante, pero también hay otros que piensan que todo se basa en resultados. Por lo tanto, si sus resultados son buenos, la paga será muy buena. Así que tú eliges: ¿prefieres ganar por tiempo o por resultados?

SI ASPIRAMOS A TENER Y DESARROLLAR LOS HÁBITOS QUE NOS CONDUZCAN A OBTENER LIBERTAD FINANCIERA, TAMBIÉN ES NECESARIO EMULAR A ESAS GRANDES FIGURAS QUE LO HAN LOGRADO.

Mientras piensas en la respuesta, solo te diré una cosa: si eres un empleado, sé de élite, de los mejores, que tu trabajo sea valorado y tú seas requerido. Pero tómate un minuto al día también para pensar en la posibilidad de combinar tus responsabilidades con la empresa y buscar fuentes de ingresos alternativas. Generar más flujos de dinero provenientes de diversas fuentes no es una idea descabellada. Por ello hablo del valor que podemos ofrecer, porque es un medio adicional para obtener mayores ingresos. Lo único que necesitas es tener la disposición de hacerlo. Si combinas tu empleo con proyectos propios, o donde puedas ofrecer resultados, estarás en camino a conseguir una mente millonaria. Y un empleado con esta mentalidad ofrece mucho más que tiempo y resultados.

SI APORTAS SOLUCIONES, EL MUNDO TE DARÁ MUCHO MÁS DE LO QUE NECESITAS.

> GENERA VALOR AL MUNDO
> Y VUÉLVETE INDISPENSABLE.
> LO ORDINARIO PAGA MUY POCO
> PORQUE HAY MUCHO
> DE LO MISMO.

CONCÉNTRATE EN TUS FORTALEZAS

Todo es posible en esta vida. Lo bueno y lo malo por igual. Por ejemplo, y aunque suene extraño, claro que es posible concebir una vida llena de libertad económica sin antes haber potencializado tus capacidades. Pero esto no lo recomiendo, sencillamente porque no es el camino para obtener una mente millonaria.

Cuando desarrollamos actividades que involucran capacidades distintas a nuestras fortalezas naturales, suele surgir cuando menos una leve sensación de incomodidad, que a veces es casi imperceptible, pero existe. Y esta sensación es una de las principales culpables de la desmotivación y la búsqueda afanosa de dinero sin poder encontrarlo. Cuando estamos inconformes, nos quejamos mucho de nuestra situación y guardamos celos y resentimientos contra aquellos a quienes les va mejor que a nosotros. El motor que nos impulsa no es el correcto. Y es muy probable que de este modo nuestra vida se vuelva un infructuoso correteo monetario de todos los días. Para evitar cualquier riesgo de desmotivación, te invito a que te detengas un momento. No corras. Los problemas económicos, como cualquier otro, deben abordarse con la cabeza fría y una honda mirada que albergue la mayor cantidad de puntos de vista posibles. Todos tenemos fortalezas y debilidades. Concéntrate en las primeras, pero también toma muy en cuenta tus debilidades para saber cómo combatirlas. Así encontrarás un propósito y te centrarás en lo que te hace feliz. En mi caso, mi propósito es impactar a muchísimas personas en el mundo para potenciar sus fortalezas, para que sean prósperos y felices mediante una adecuada motivación, una buena educación financiera y un acertado desarrollo personal. Quiero empoderar a las personas y ayudarlas a fortalecer esas capacidades naturales que ya poseen. Mis fortalezas las encontré en mí, escuchando a mi corazón y haciendo lo que me da felicidad. ¿Y tú? ¿Qué esperas para hablar contigo mismo?

GENERAR MÁS FLUJOS DE DINERO PROVENIENTES DE DIVERSAS FUENTES NO ES UNA IDEA DESCABELLADA.

NO SE TRATA DE DINERO, SE TRATA DE TU LIBERTAD Y SALUD EMOCIONAL.

UNA HISTORIA PARA CONTAR

A lo largo de mi vida, he tenido dos accidentes automovilísticos, uno en Estados Unidos y otro en México. Ambos me paralizaron del miedo. Escuchar los susurros de la muerte te hace contemplar la vida de una manera muy distinta. Los que han pasado por algo similar saben de lo que hablo y lo difícil que es reponerse. Recuerdo que en el primer accidente quedé muy deprimido y sin motivación, lleno de frustraciones y barreras paralizadoras. Estuve en rehabilitación seis meses, estancando todos mis sueños y mis ganas de salir adelante.

Todo el tiempo me preguntaba "por qué a mí", mientras lloraba y clamaba por una respuesta que me cayera del cielo. Sentía como si la vida conspirara en mi contra; creía que no tenía salida y, por lo tanto, que nunca podría superarlo. Afortunadamente, después de algunos años pude liberarme de todos esos miedos, frustraciones, desmotivaciones y complejos. Al repasar los acontecimientos, tomé conciencia de que la clave para superar el incidente estuvo en que logré transformar ese "por qué a mí" en un "para qué a mí". Y así le di un nuevo significado.

Aún recuerdo el traslado en ambulancia hacia el hospital. Perdía y recobraba la conciencia constantemente, no sé si debido al golpe que recibí en la frente o por la dosis de morfina que me administraron para calmar el dolor, producto de mi dislocación de cadera. Esa noche en la sala de terapia intensiva, la enfermera que me cuidó con mucho temple y sabiduría me susurraba al oído con frecuencia: "Esta noche no, campeón, tienes un propósito que cumplir. No le temas a la muerte, eres más grande que ella".

Aquellas palabras de empoderamiento y esperanza todavía resuenan en mi mente y corazón. Después de recuperarme, me hice una promesa a mí mismo: "Mi vida tendrá un propósito, lucharé por él y jamás realizaré actividades que violenten ese propósito". Aprovecho estas páginas para decirle a aquella gran enfermera que me cuidó esa noche: "Gracias, no tuve la oportunidad de conocerte y platicar contigo, pero cambiaste mi vida con tus palabras".

¿A qué quiero llegar con todo esto? A que siempre debes llevar bajo el brazo el empoderamiento y la motivación. No los sueltes. Y si se van, ve por ellos y vuélvelos a encontrar. Si la vida te pone de rodillas, respóndele con una sonrisa a la que no se pueda resistir. Quiero verte grande y motivado, deseo que nunca vuelvas a padecer por causa del dinero y quiero que seas libre. Si consigues fortuna, ayuda a tu prójimo. Siempre habrá alguien que necesite de nosotros, personas en busca de algún abrazo y de palabras de aliento para empujarlos a volar. ¡Así que ve y lleva prosperidad a los tuyos, campeón!

GENERA ABUNDANCIA

A continuación, podrás poner en práctica e ir madurando varios aspectos que hemos revisado a lo largo de este capítulo. Toma lápiz y papel y, con calma, deja que tu corazón hable.

1. **¿Eres el tipo de persona a quien admirarías? ¿Qué te falta, qué te sobra, qué cambiarías?**

2. **¿Por qué y para qué quieres tener éxito y abundancia en tu vida?**

3. ¿Conoces tus fortalezas y sabes cómo utilizarlas para el bien común? ¿De qué manera lo haces?

4. Imagina que en este momento tienes en tu cuenta bancaria un millón de dólares. ¿En qué lo usarías y cómo ayudarías a los demás con esa suma?

5. ¿Qué es el éxito para ti?

¿QUIERES CONOCER UN SECRETO?

PARA GANAR MÁS DINERO HAY QUE TRABAJAR MEJOR Y DE MANERA INTELIGENTE. LO QUE PRODUCE MÁS DINERO NO ES EL SUDOR, SINO LA MENTE. UNA MENTE MILLONARIA SE ASOCIA Y CRECE PORQUE CONOCE ESTE SECRETO.

EN RESUMEN

EL PROGRESO FINANCIERO

→ BUENA SALUD FÍSICA

→ BUENA RELACIÓN CON EL DINERO

→ BUENAS RELACIONES PERSONALES

→ DESARROLLO DE INTELIGENCIA EMOCIONAL Y FINANCIERA

→ DESARROLLO DE CAPACIDADES Y FORTALEZAS

→ MONETIZACIÓN DE TUS TALENTOS

OPERACIONES GANAR/ GANAR

→ HÁBITOS MILLONARIOS

BUENA ADMINISTRACIÓN Y APORTES DE VALOR AL MUNDO

CAPÍTULO 3

LOS PILARES DE LA ABUNDANCIA

DISFRUTA DE LA VIDA HOY, AUNQUE NO TENGAS TODO LO QUE QUISIERAS. LAS PRESIONES SOCIALES Y LAS APARIENCIAS HAN LLEVADO A MUCHOS A LA RUINA. MI INTENCIÓN ES AYUDARTE A QUE DISFRUTES EL VIAJE. NO TE VUELVAS PRISIONERO DEL DINERO VIOLENTANDO LA GRANDEZA QUE HAY EN TI. EL VERDADERO PILAR DE LA ABUNDANCIA, EL AUTÉNTICO GENERADOR DE RIQUEZA, DE CREATIVIDAD Y DE INFORMACIÓN, SE ENCUENTRA EN TU MENTE Y EN LA DE TODOS LOS SERES HUMANOS. TENEMOS UN GRAN PODER DE PENSAMIENTO QUE NOS FUE DADO PARA MATERIALIZAR NUESTROS SUEÑOS. ASÍ QUE AHORA QUIERO PEDIRTE QUE ME AYUDES CON UN BREVE EJERCICIO. LEVANTA LA VISTA DE ESTE LIBRO Y OBSERVA A TU ALREDEDOR. HAZLO SOLO POR UNOS SEGUNDOS. LO QUE QUIERO QUE EXPERIMENTES, Y QUE NO TE QUEPA DUDA, ES QUE TODO LO QUE VEN TUS OJOS, A EXCEPCIÓN DE LA NATURALEZA, PRIMERAMENTE SE GESTÓ EN UNA MENTE HUMANA Y DESPUÉS ADQUIRIÓ FORMA FÍSICA.

TE DARÉ MÁS DETALLES

EL PODER DE LA VISUALIZACIÓN

La visualización es una herramienta natural y muy poderosa de los seres humanos. Visualización quiere decir soñar en grande. Nos permite plantear una vivencia a futuro. Por medio de este proceso mental imaginas algo que deseas como si ya fuera real. Por ejemplo, muchos de los grandes atletas y deportistas primero se han visualizado ganando, lo cual permite que su cerebro viva la experiencia antes de que suceda. En mi caso, a diario visualizo los detalles del día siguiente 15 minutos antes de dormir.

La imagen mental que visualices será más poderosa entre más detalles tenga, ya que el subconsciente comienza a buscar aquellas imágenes que guardas en tus archivos mentales como si se estuvieran materializando, lo que despierta sentimientos y emociones en ti. Puedes imaginar texturas, colores, olores, lo que sea. De igual manera, puedes practicar este ejercicio en cualquier situación que quieras manejar favorablemente, como estar en alguna negociación importante, realizar algún proyecto, etc. Es más, si te detienes un momento a pensar en esto te darás cuenta de que lo hacemos todos los días. Siempre imaginamos cosas, nos contamos historias o recreamos momentos. Lo importante es hacerlo con mucha fuerza para no desistir con facilidad. Si lo experimentas de forma cada vez más consciente al repetirlo, y lo vuelves más real, verás que de verdad funciona. Todas tus visualizaciones deben ser tan verídicas que te provoquen emociones que quieras conquistar. Así que visualiza cuanto quieras. Imagina que puedes obtener todas las riquezas de este mundo y aférrate a esa representación para conquistarlas. Las riquezas que hay en este mundo son parte de ti y fueron creadas para ti. No tendría sentido si fuera de otra manera. ¿O para qué hay tanta abundancia si no podemos acceder a ella? La creatividad en este punto juega un papel fundamental.

VISUALIZACIÓN QUIERE DECIR SOÑAR EN GRANDE.

QUE NUNCA MUERA
LA CREATIVIDAD
QUE LLEVAMOS DENTRO.

UNA MENTE CREADORA
Y UN ADN MONETARIO

Nuestros pensamientos son energía. Una energía que siempre se mueve hacia alguna forma, y por este motivo, tenemos una mente creadora. Todos llevamos un gran poder impulsor en nosotros mismos, una verdadera joya invaluable y de gran utilidad para la especie. Las personas más prósperas y sabias saben que es así, por lo que no se dejan sabotear por ninguna voz interior negativa que paralice sus sueños y coarte lo que quieren lograr. ¿Pero sabes qué es lo mejor de esto? Que tú puedes ser una de esas personas. Para conseguirlo te daré una clave importante: concentra tu atención en la abundancia, visualízala y repítete todos los días que la mereces. Hazlo de manera constante y prepárate para materializar tus sueños.

Uno de los hombres más creativos, influyentes y talentosos de la humanidad fue Nikola Tesla. El padre de la tecnología moderna transformó al mundo con infinidad de aportes, aunque muchos se empeñaron en mantenerlo en el anonimato. Tesla alguna vez afirmó: "El presente es vuestro, pero el futuro es mío". Qué determinación, seguridad y fortaleza tiene esta frase. Con ella te das cuenta de que en la mente se gestan todas las grandes fortunas y obras que cualquier ser humano pueda hacer posibles. El poder mental que tenía este hombre era mágico y su gran determinación constituyó una herramienta muy poderosa. La historia de la humanidad ha alcanzado grandes logros y avances de suma importancia gracias a figuras como Tesla, quienes son una luz en la conciencia de los seres humanos, al alumbrar valores como la fe, la voluntad o la determinación. ¡No lo olvides!

Ahora bien, entre los rasgos más importantes que comparten las personas más ricas del planeta se encuentra poseer creencias útiles y ventajosas en torno al dinero. Es lo que denomino su ADN monetario. Creencias de miedo, desesperación o angustia en torno al dinero no corresponden a este ADN. Todo lo contrario. Para la gente rica el dinero representa una manera de motivarse. Así que las dos condiciones que guardan los millonarios para generar riqueza consisten en una mente creadora y un ADN monetario muy alto, pues siempre apuntan y piensan en grande.

En nuestro ADN monetario también se encuentra la información que traemos programada respecto al dinero, aunque esta puede ser falsa, o bien aludir a paradigmas ya obsoletos. Esa información es la que has recibido de tu entorno social y familiar a lo largo del tiempo, y debes olvidarla si no es útil o incluye un mensaje negativo, como: "Somos pobres pero honrados"; "No naciste en cuna de oro"; "En esta casa no tenemos dinero para vacaciones"; "Los ricos hacen dinero sin trabajar"; "Así nos tocó vivir, no nos queda otra opción"; etc. Mi intención al mencionarte esto es que albergues nuevos paradigmas y realices una desintoxicación mental monetaria. Para lograrlo, te propongo una solución concreta: por las mañanas, visualiza que ya eres una persona exitosa y que vives como quieres. Si tienes un sueño, debe permanecer en tu mente con fuerza. Si surge algún problema, no le pidas a tu mente que lo desaparezca; en cambio, visualízate enfrentándolo, ideando soluciones específicas y superándolo. Tienes que sacar de tu mente todo aquello que te hace daño y te limita, gestionando adecuadamente tus emociones.

Con estas recomendaciones estoy seguro de que activarás tu ADN monetario y apuntarás muy alto. Lo principal es no hacerle caso a ninguna voz negativa que hable en tu interior, ya que dichas voces van a calar muy hondo cuando des tu primer paso hacia un nuevo estilo de vida, pues siempre te querrán sabotear. No escucharlas es una de las principales características de quien posee una verdadera mente millonaria.

ENTRE LOS RASGOS MÁS IMPORTANTES QUE COMPARTEN LAS PERSONAS MÁS RICAS DEL PLANETA SE ENCUENTRA POSEER CREENCIAS ÚTILES Y VENTAJOSAS EN TORNO AL DINERO.

> **LA FORTUNA JUEGA A FAVOR DE LAS MENTES QUE SE PREPARAN, QUE SON CREATIVAS Y CUENTAN CON UN ADN MONETARIO FAVORABLE.**

EL PODER DEL EMPODERAMIENTO

Un principio fundamental de la creación de riqueza, y otra de las claves fundamentales para desarrollar una mente millonaria, es el empoderamiento. Esto se refiere a robustecer tu fuerza espiritual, a adquirir poder y reconocerte a ti, así como a los que deseen dejarse guiar. Así que quiero que en este instante sientas que tú tienes el poder y que ya no está en otras manos. Antes se lo dabas a la suerte, a la clase política, a tus relaciones de pareja, a tu familia, tu entorno, tus amigos, etc. En gran medida, ellos se convertían en los gestores de tu vida. Pero ya no. De este momento en adelante es necesario que te aferres al empoderamiento y no lo sueltes más.

Para ilustrar lo que digo, quiero contarte parte de mi historia. Por la necesidad que tenía de empoderarme y motivarme para modificar positivamente mi vida fue que nació mi fan page Mente millonaria & Piensa como rico. Me sentía estancado. Sabía que si quería cambiar tenía que hacerlo desde dentro y no esperar a que los demás lo hicieran. Tampoco podía hacer nada de esto pensando que las personas eran las que tenían que cambiar primero.

El primer paso fue saber dónde estaba parado para luego descubrir a dónde quería llegar. Algo así como mi ruta de escape. De esta manera surgieron los resultados. Me di cuenta de que mi página alcanzaba a miles de personas en toda Latinoamérica y que crecía con mucha rapidez, por lo que al empoderar a los demás me nutría y empoderaba a mí mismo. Fue mi propia terapia y lo sigue siendo a la fecha. Lo único que necesitas es tener voluntad y persistencia, que son herramientas claves en este proceso. Es por ello que en sesiones con algunos de mis clientes suelo decir que quien tiene voluntad posee la energía del universo, es decir, cuenta con el combustible necesario. Desde entonces decidí comenzar a hacer cosas que me apasionaran y nutrieran mi mente, como fue adentrarme en la inteligencia emocional y la educación financiera. Quería hacer cambios sustanciales y eso implicaba comprometerme.

Ahora bien, si eres de los que necesita ver para creer, estás en todo tu derecho. Así que hagamos lo siguiente: dame el beneficio de la duda, que nada pierdes. A tu hijo, sobrino, primo, amiga, tía, tío, madre o cualquier persona que requiera cambiar, dile frases de empoderamiento como:

- "Tú puedes".

- "Bien hecho, campeón".

SI SURGE ALGÚN PROBLEMA, NO LE PIDAS A TU MENTE QUE LO DESAPAREZCA; EN CAMBIO, VISUALÍZATE ENFRENTÁNDOLO, IDEANDO SOLUCIONES ESPECÍFICAS Y SUPERÁNDOLO.

QUERÍA HACER CAMBIOS SUSTANCIALES Y ESO IMPLICABA COMPROMETERME.

- "El futuro te pertenece".
- "Ve por todo".
- "Tu prioridad es ser próspero y feliz".
- "Naciste para ser grande".
- "Nadie puede detenerte".
- "Confío en ti".
- "Te creo".
- "Ama lo que haces".
- "Excelente trabajo".
- "Tendrás éxito en todo".
- "Veo que tienes talento".
- "Te felicito".
- "Llegarás muy lejos".
- "Lucha por tus sueños".

Te garantizo que verás un cambio verdadero en sus vidas. Pero hazlo sin comentarles cuál es la verdadera finalidad de estas palabras. Cada vez que los frecuentes, dirígeles este tipo de frases, dales reconocimiento y motívalos a ser grandes, verás que la magia sucederá. Notarás un cambio importante 30 días después. Al principio, ellos mismos quizás te respondan: "¿Y ahora qué te pasa?", porque normalmente no estamos acostumbrados a empoderar a las personas, sino todo lo contrario.

Por lo general, resaltamos los errores, nos quejamos, reiteramos frases de desaliento, culpamos o pronunciamos frases de un nivel de vibración bajo que matan el entusiasmo. Si te funciona con ellos cambiar la dinámica negativa, contigo también funcionará. Hoy recibo cientos de correos y mensajes de agradecimiento en mi fan page de personas a las que mis frases les han servido, y eso no tiene precio. Esto me alimenta y me anima todos los días a seguir creciendo y nutriendo mi propósito de vida. Así que gracias totales, porque tú eres parte de mi cambio. Y ahora es tu turno de empoderarte a diario.

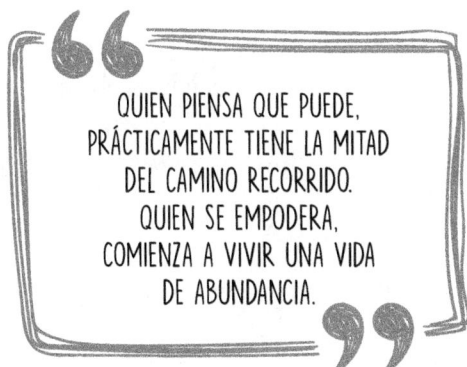

> QUIEN PIENSA QUE PUEDE,
> PRÁCTICAMENTE TIENE LA MITAD
> DEL CAMINO RECORRIDO.
> QUIEN SE EMPODERA,
> COMIENZA A VIVIR UNA VIDA
> DE ABUNDANCIA.

UNA HISTORIA PARA CONTAR

¿Conoces la historia de Jim Carrey y la visualización del cheque de 10 millones de dólares? Es una historia real e inspiradora que te servirá para palpar uno de los grandes casos que ocurren en la vida de las personas.

Jim Carrey prácticamente estaba en bancarrota. No tenía nada más que su talento natural y el conocimiento de que las cosas que visualizas se realizan. No tenía mucho éxito entonces y trabajaba a diario para convertirse en un actor reconocido. En una entrevista con Oprah Winfrey comentó que se apoyó en los libros de inspiración para conocer esta información y señaló que el poder de la visualización fue un factor decisivo. Mientras conducía su auto, imaginaba las cosas que quería como si ya las tuviera. Ambicionaba ser un actor muy reconocido y, lo más importante, deseaba provocar las risas del público con su talento, porque amaba lo que hacía.

Un día se hizo un cheque por 10 millones de dólares por sus servicios como actor y lo dejó en su cartera. Todos los días lo sacaba y se repetía:

"Materialízate". Justo antes del Día de Acción de Gracias, se hizo realidad su sueño gracias al contrato de la película *Dumb and Dumber* [*Una pareja de idiotas*].

Pero esto no llega solo o cae del Cielo; hay que trabajar duro. Sí, diariamente hay que pasar a la acción y poner empeño. La dedicación, el trabajo y la constancia son claves, sin perder de vista la visualización con entusiasmo.

Jim Carrey continuó trabajando con fervor en su carrera actoral. Sabía exactamente la cantidad de dinero que quería y que tenía que entregar a cambio su talento como actor para conseguirla. También tenía un propósito definido.

Cuando llenas tu propio cheque mandas un mensaje muy poderoso al subconsciente: eso es lo que anhelas con todas tus fuerzas. Ahora te corresponde escribir tu propio cheque y luchar por conseguirlo con todo tu ahínco, sin perder el entusiasmo.

GENERA ABUNDANCIA

Como ejercicio, realiza lo siguiente.

1. **Escribe un cheque por la cantidad que quieres ganar dentro de dos o cinco años. Tú pones el plazo.**

   No tengas miedo, no dudes ni le hagas caso a la voz interior negativa que quiera sabotearte. Ese cheque te pertenece. Ponlo en tu cartera y llévalo a diario contigo. Envía el mensaje a tu subconsciente de que es la cantidad que requieres y mereces. Le puedes poner fecha de cumplimiento. Recuerda: el sistema no decide cuánto es lo que debes ganar, tú eres quien tiene el control de tu vida y pones las condiciones de acuerdo con el valor que ofreces con tu producto o servicio. Entre más valor, más dinero.

2. **Escribe cómo te visualizas en dos o cinco años con tu familia, en tu trabajo, con tus proyectos, en la casa de tus sueños, etc.**

   Recuerda: entre más detalles, mejor. Algunos clientes hacen un collage de cómo imaginan su vida y lo dejan donde lo puedan ver todos los días para no perder el enfoque.

SI IMPLEMENTAS UNA CULTURA DE ÉXITO
EN TU ENTORNO FAMILIAR, LE CAMBIARÁS
LA MENTE Y LA VIDA A CADA UNO DE SUS
INTEGRANTES. PROPONTE METAS ALTAS,
SIN TEMOR A FRACASAR. SI TIENES HIJOS,
INFUNDIR EN ELLOS PENSAMIENTOS
DE GRANDEZA ES MUY PODEROSO;
TENDRÁS HIJOS FELICES Y GANADORES.
ESO ES SEGURO.

EN RESUMEN

¿CÓMO ESTÁ TU ADN MONETARIO?

- NO NACISTE EN CUNA DE ORO
- ¿CREES QUE SOY UNA MÁQUINA DE HACER DINERO?
- ASÍ NOS TOCÓ VIVIR
- NO NACIMOS PARA EL ÉXITO
- BUSCA UN EMPLEO SEGURO Y DEJA DE SOÑAR
- SOMOS POBRES PERO HONRADOS
- LOS RICOS NO GANAN DINERO TRABAJANDO

SI ESCUCHASTE EN TU ENTORNO LAS SIGUIENTES FRASES, FUISTE PROGRAMADO PARA NO SER PRÓSPERO

FRASES CON UN NIVEL DE VIBRACIÓN BAJO

LIMPIEZA MENTAL MONETARIA

1. SOY PRODUCTIVO Y TRABAJO CON DILIGENCIA
2. EL DINERO NO ES MALO, ES NECESARIO Y HACE MUCHO BIEN AL MUNDO
3. NO AMO EL DINERO, ES SOLO UNA HERRAMIENTA
4. PUEDO Y ME PERMITO CREAR NEGOCIOS EXITOSOS
5. TODA ADVERSIDAD LLEVA LA SEMILLA DE UN GRAN APRENDIZAJE
6. EL CAMINO DEL ÉXITO INICIA DENTRO DE MÍ

CAPÍTULO 4

SAL DE TU ZONA DE CONFORT

LAS CREENCIAS LIMITANTES SOLO FRENAN NUESTRA CAPACIDAD DE HACER Y SENTIR. ESTO PROVOCA QUE NO NOS ATREVAMOS A CREAR ALGO NUEVO O DIFERENTE POR MIEDO AL FRACASO Y AL QUÉ DIRÁN. PERO SI NO AVANZAS, TE ESTANCAS Y LA POSIBILIDAD DE LOGRAR UN VERDADERO PROGRESO FINANCIERO SE REDUCE DE FORMA SIGNIFICATIVA. NO MOVERNOS DE NUESTRO LUGAR SEGURO ES UN ATENTADO CONTRA NUESTRO PROGRESO FINANCIERO. REHUSARNOS A TOMAR CAMINOS DESCONOCIDOS Y PRETENDER TENER MUCHO DE TODO SIN MOVER NADA DE SU LUGAR ORIGINAL, NO CORRESPONDE AL PENSAMIENTO DE UNA MENTE MILLONARIA. CUALQUIERA PUEDE ENTENDER QUE EN OCASIONES UNA PERSONA PREFIERA NO ARRIESGARSE CON UN NEGOCIO, POR MIEDO A PERDER DINERO O A CUALQUIER OTRA CIRCUNSTANCIA, PERO DÉJAME DECIRTE ALGO MUY IMPORTANTE: TÚ Y TODOS LOS SERES HUMANOS TENEMOS EL POTENCIAL PARA VIVIR UNA VIDA EXTRAORDINARIA. ASÍ QUE SOLO VE Y CONSÍGUELA.

TE DARÉ MÁS DETALLES

COMIENZA DANDO PEQUEÑOS PASOS

El único proyecto verdaderamente importante que tienes se llama "vida", y si no sales de tu zona de confort, tu vida se estancará. ¿Pero por qué es importante explicar de qué se trata la zona de confort? Porque hay personas que caen en un estado de conformismo cuando el dinero aparece en sus vidas, o cuando ven que nunca llega. Creen que ya lo intentaron todo o que ya lo lograron y viven en una ilusión. De hecho, muchos de quienes han conseguido lo que se proponían experimentan un poder que no es sano y dedican gran parte de su vida a derrochar el dinero de una manera poco inteligente. Incluso hay algunos que cuentan con una fortuna en sus manos y ni siquiera planean o se ocupan de saber dónde estarán en los próximos dos años. Ni hablar de los que insisten en hacer lo mismo año tras año.

> No importa si abunda el dinero en tu vida o si escasea, la zona de confort o sin progreso te paraliza en ambos casos por igual. Tener que pagar una hipoteca, solventar las universidades de los hijos, mantener los estilos de vida, viendo solo pagos, pagos y más pagos, sin duda nos convierte en personas temerosas, sin un mínimo deseo de movernos hacia algún lado. Sobre todo porque luego piensas: "Y si me despiden,

¿qué voy a hacer?". Frente a esta pregunta te quiero dar un consejo importante: te invito a que te muevas; aunque sea con miedo, pero muévete. Comienza con pequeños pasos, como palpando el terreno. Sé una persona precavida y con programación, decidida, gana tiempo y saca ventaja, para que estés preparado ante cualquier escenario.

La zona de confort es muy cómoda, pero también muy traicionera. Por ello resulta extremadamente importante que nunca bajemos la guardia y nos esforcemos por ser diligentes, sin abandonar los deberes del trabajo. Te puedes divertir y disfrutar de la vida con los tuyos porque para eso es el dinero, pero no pierdas la brújula. Ten claro que se han malgastado grandes fortunas porque la persona se estancó en una zona poco productiva y de placeres, y también que muchos han obtenido grandes fortunas por el solo hecho de haberse aventurado. El dinero sirve para tener días ideales o soñados, pero no para que vivamos preocupados por él. No podemos olvidar que debemos mantener la maquinaria funcionando y que hay que alimentarla para que el dinero fluya siempre a nuestros bolsillos. Así que no dejes de trabajar fuera de tu zona de confort. Nadie supera un miedo sin enfrentarlo.

TÚ Y TODOS LOS SERES HUMANOS TENEMOS EL POTENCIAL PARA VIVIR UNA VIDA EXTRAORDINARIA.

> NOS VEMOS FUERA
> DE TU ZONA DE CONFORT,
> DONDE ESTOY SEGURO
> DE QUE ESTARÁS MUY PRONTO
> Y SONRIENTE.

UN CAMBIO NECESARIO

Tenemos una tendencia general a ocultarnos si hemos fracasado. Y resulta entendible, pues nadie quiere que el mundo se entere de que después de todos los esfuerzos, al final el proyecto importante que emprendiste no tuvo éxito. Pero déjame decirte que te conviene empezar a pensar distinto. Tenemos que darnos cuenta de que hay mucha sabiduría en equivocarse, ya que es una semilla especial de motivación para tu progreso financiero. Cuando te equivocas, aprendes y te renuevas. Y si te renuevas, progresas y obtienes un gran crecimiento. De ahora en adelante, deja de ocultar tus errores, porque estos te dan más herramientas para avanzar con firmeza, además de diferentes ideas para innovar. Cuando esto se vuelve constante, adquieres distintas formas de hacer las cosas. Lo anterior permite que la maquinaria siga desarrollando todo su potencial al máximo, aspecto fundamental en tu vida para adquirir el código de una mentalidad millonaria.

Ya lo decía Charles Darwin, el creador de la teoría de la evolución, no es la especie más fuerte ni la más inteligente la que sobrevive, sino aquella que se adapta mejor a los cambios. Es necesario abrazarlos y ajustarnos a ellos. ¿Cuántas historias hemos escuchado de personas o empresas que por actuar siempre de la misma manera terminaron quebrando? En sesiones de trabajo con algunos clientes me gusta abordar la historia de la transformación del águila, ya que es de gran ayuda para reforzar y motivar a las personas.

El águila real americana llega a vivir hasta 70 años. Es el ave con mayor esperanza de vida de su especie. Pero para conseguirlo, antes debe hacer un cambio tan duro como necesario. En la mitad de su vida, comienza a experimentar una serie de problemas con su cuerpo: sus uñas pierden fuerza y forma, por lo que no consigue asir con firmeza a las presas de las que se alimenta; su pico comienza a alargarse más de lo debido, provocando el serio riesgo de accidentarse, clavándoselo contra su propio pecho; y sus alas ganan peso debido a las gruesas plumas que ha ido conservando con los años, originando que le sea más dificultoso emprender el vuelo. Así, el águila debe afrontar un cambio radical o simplemente dejarse morir.

Su gran transformación durará cerca de 150 días. Comienza con el águila refugiándose en lo alto de

EL DINERO SIRVE PARA TENER DÍAS IDEALES O SOÑADOS, PERO NO PARA QUE VIVAMOS PREOCUPADOS POR ÉL.

una montaña, en un lugar donde pueda permanecer oculta y no necesite volar. Ahí golpeará su pico contra las rocas hasta desprendérselo. Entonces esperará a que le crezca uno nuevo. Luego se quitará las uñas, para que una vez que le vuelvan a salir, toque el turno de despojarse de sus viejas plumas, removiéndoselas con su nuevo pico. Al cabo de cinco meses, el águila real conseguirá la meta de supervivencia por la que tanto luchó, y podrá realizar su célebre vuelo de renovación. Ahora cuenta con 30 años más de vida.

Similar a lo que sucede con el águila real, también tenemos momentos en los que todo parece oscuro y sin salida. En esos momentos es cuando debemos poner más empeño y luchar con mayor fuerza para no dejarnos caer, transformar nuestra vida y prepararnos para emprender un nuevo vuelo.

> LA RENOVACIÓN CONSTANTE EJERCE UNA ENORME INFLUENCIA Y UN GRAN PODER PARA HACER BUENOS NEGOCIOS CON UNA MENTALIDAD MILLONARIA ADECUADA A ESTA ERA.

DECODIFICANDO ESTRATEGIAS MILLONARIAS

Hay dos herramientas muy importantes que funcionan como estrategias de impulso en la generación de riqueza: el trabajo en equipo y la experiencia de compra. Ambas son óptimas e ideales a la hora de salir de tu zona de confort, ya que te mantienen en constante movimiento y dinamismo.

El trabajo en equipo es una de las mejores maneras de llegar más rápido a tener éxito en cualquier ámbito de tu vida. Es importante comprender que los negocios son un deporte en equipo, donde cada uno ocupa una posición, como en un partido de fútbol. Cada persona tiene una función en el juego y sabe cómo moverse en el campo según su papel. Pero además existe un capitán que los lidera para que no pierdan el enfoque. El director técnico es el estratega central que dirige toda la maquinaria; es el equivalente al gerente o director de área de una empresa. Si llevas esta analogía a cualquier negocio que emprendas, te aseguro que obtendrás muy buenos resultados. Lo primordial es que cada jugador entienda perfectamente su rol en el equipo y sepa qué es lo que tiene que hacer en el campo de juego. Esta estrategia traerá mucha riqueza a tu vida.

EL TRABAJO EN EQUIPO ES UNA DE LAS MEJORES MANERAS DE LLEGAR MÁS RÁPIDO A TENER ÉXITO EN CUALQUIER ÁMBITO DE TU VIDA.

Que la gente no sepa trabajar en equipo es una de las principales causas de fracaso en las empresas y en cualquier emprendimiento. Por ello los negocios no prosperan o se estancan. Las empresas experimentan mucha rotación de personal como consecuencia de esto. Claro que no podemos generalizar o afirmar que lo anterior sea la única causa de fracaso, pero el hecho de que los integrantes de mi equipo no conozcan a la perfección cuál es su rol y qué es lo que tienen que hacer en la cancha, es un elemento muy común por el que muchos negocios se estancan o definitivamente quiebran.

Ahora bien, el desarrollo de equipos pequeños mantiene un dinamismo constante y son muy efectivos en esta nueva era. Por ejemplo, ¿te has dado cuenta de que las potencias mundiales tienen a los llamados "equipos de reacción inmediata"? Normalmente se usan en corporaciones que los entrenan especialmente. Estos grupos son los encargados de atender los asuntos más complejos, porque están perfectamente preparados para ello. El desarrollar "pequeños equipos de élite", teniendo en sus filas a los mejores, a quienes se preparan todos los días para las grandes batallas y que cuentan con altas dosis de motivación, te asegura grandes victorias. Este tipo de lecciones gerenciales las desarrollaba Steve Jobs, el gran empresario y director de Apple. Se rodeaba de los mejores y se aseguraba de formar equipos con altos estándares de calidad e inteligencia, manteniendo un movimiento constante que le permitía no anclarse en una zona de confort.

Recuerda, los equipos de élite son una de las claves importantes de las empresas multimillonarias y de las personas de éxito. Y ahora quiero dejarte algunas ideas centrales al respecto.

- Es necesario formar a la gente que trabaja contigo o que requieras contratar para que responda a tus necesidades.

- La única forma de atraer personas talentosas a tu proyecto o empresa es enamorarlas de tu marca y contagiarlas de tu propia pasión y visión.

- Para que un negocio sea exitoso debe producir prosperidad y oportunidades para todos en igualdad de condiciones, según sus méritos. Es la regla de ganar-ganar.

- Un equipo sano produce dinero. Cualquier otra clase de grupo marchita el dinero de inmediato.

- Los equipos de élite generan las mayores ventas en el mundo.

- Los equipos de élite son lo mejor de lo mejor. Asegúrate de tener a los mejores trabajando a tu lado.

- Si a un equipo de élite le das identidad, la magia sucede.

- Tu equipo de élite es tu mejor bien.

Otra herramienta muy poderosa en este sentido es la experiencia de compra. Hoy en día ya no vendemos productos ni servicios; ahora es indispensable "emocionar" a tus clientes y venderles "algo más", no solo un producto o un servicio, sino "toda una experiencia". Si no llegas a las emociones, estás fuera de la jugada. En la actualidad se ha vuelto primordial vender sin vender, es decir, hacerlo sin mencionar la frase: "Te vendo". Solo se trata de resaltar beneficios. ¿Has notado que los vendedores o negocios que se vuelven muy hostiles e insistentes llegan a aburrir y provocan que el posible cliente pierda interés en adquirir lo que ofrece? La gente está cansada de que le vendan. Las personas quieren sentir que tienen el poder de comprar sin ser violentadas o presionadas. Este concepto de "la experiencia" te traerá grandes beneficios económicos y también será una gran herramienta para no quedarte estancado. Lo que pretendo al señalar todo esto es que tu estrategia millonaria tenga un efecto multiplicador, y que el cliente acuda a tu negocio por las sensaciones que le provoca adquirir tu producto o servicio, no una ni dos veces, sino un sinnúmero de ocasiones. Te doy un ejemplo. Periódicamente, en las iShops nos toca ver las enormes filas de quienes quieren ser los primeros en conseguir el último iPhone el día que se lanza al mercado. ¿Y sabes a qué se debe esto? A la "experiencia", a ese "algo más" que se ofrece con el producto.

QUE LA GENTE NO SEPA TRABAJAR EN EQUIPO ES UNA DE LAS PRINCIPALES CAUSAS DE FRACASO EN LAS EMPRESAS Y EN CUALQUIER EMPRENDIMIENTO.

> QUIEN SE PROCURA Y DESARROLLA UN EQUIPO DE ÉLITE, GENERA UNA FUENTE ILIMITADA DE RIQUEZA, MANTENIÉNDOSE SIEMPRE FUERA DE LA ZONA DE CONFORT.

UNA HISTORIA PARA CONTAR

En algunas de mis sesiones de trabajo, me gusta narrar la historia de los dos halcones para ilustrar lo que significa salir de la zona de confort.

Un monarca recibió de regalo dos halcones pequeños. Uno de ellos volaba a través de los grandes dominios del imperio, pero el otro nunca pudo emprender el vuelo, permaneciendo confinado a una simple rama sin poder moverse. Por lo que el gran monarca, cansado de observar la inactividad de aquel halcón, decidió anunciar que ofrecería un gran banquete en honor a quien pudiera hacer que aquella ave emprendiera el vuelo.

Al día siguiente, aquel halcón fue visto por el monarca en los campos extendiendo sus alas y atacando en picada sobre sus presas. Rápidamente, se realizaron los preparativos para compensar al autor de aquella gran hazaña. Y cuando estuvo todo arreglado para dar inicio al banquete, apareció un anciano por la puerta de aquel majestuoso lugar. Con gran asombro, el monarca le preguntó cómo había hecho para que su halcón volara. A lo que el anciano contestó: "Solo corté su rama, mi rey, y el ave voló. Se dio cuenta de que tenía alas, que su naturaleza lo invitaba a emprender el vuelo y eso fue suficiente".

Con esta historia quiero invitarte a que cortes tu rama todos los días y salgas de tu zona de confort. Entiendo que en ocasiones es necesario quedarse en ella para tomar aire, pero procura que no sea por mucho tiempo.

GENERA ABUNDANCIA

Todas las personas de éxito han tenido que salir de su zona de confort para lograr grandes resultados. Quiero dejarte este ejercicio para que vayas eliminando tus ideas limitantes, ya que la zona de confort parte de un estado mental y los límites te los pones tú mismo.

1. **Identifica qué actividades evitas llevar a cabo.**
   Escríbelas en una lista. Puede que las evites por miedos, inseguridades, indecisión, etc.

2. **Identifica qué es lo que te causa más problemas dentro de tu lista.**
   Piensa en las habilidades, conocimientos y fortalezas que pueden ayudarte a combatir esos miedos y angustias.

3. **Traza un plan. Convierte cada reto en fases o pequeñas tareas que te pueden ir ayudando en el proceso.**
   Ejemplo: si tienes miedo de hablar en público, puedes hacer pequeños ensayos o actividades progresivamente. Primero, habla frente al espejo o ante una cámara. Después, pídele a un familiar que esté presente mientras expones un tema. Más adelante, involucra a más personas hasta lograr una audiencia importante.

4. Amplía tu zona de confort con nuevos retos que te demanden nuevas habilidades y conocimientos.

¿QUIERES CONOCER UN SECRETO?

EL 95 % DE LAS PERSONAS QUE ME ESCRIBEN O ME CONTACTAN ESPERAN QUE, DE MANERA INMEDIATA, COMO BUSCANDO MILAGROS, LES DÉ UNA PASTILLA MÁGICA QUE LOS SAQUE DE LA SITUACIÓN EN LA QUE SE ENCUENTRAN ESTANCADOS. SI DURANTE AÑOS TUVISTE MALOS HÁBITOS O TE ENCONTRABAS EN UN ESTADO DE COMODIDAD TOTAL, ES IMPOSIBLE QUE EN UN SOLO DÍA O EN ALGUNAS HORAS SE PUEDA REVERTIR EL PROCESO. DESARROLLAR UNA DISCIPLINA Y HÁBITOS NUEVOS ES INICIAR EL CAMINO PARA SALIR DE TU ZONA DE CONFORT.

EN RESUMEN

IDENTIFICANDO EL LUGAR EN DONDE TE ENCUENTRAS

LUGAR DE COMODIDAD	LUGAR DE TEMOR	LUGAR DE FORMACIÓN	LUGAR DE TRIUNFO
ZONA DE CONFORT. NO CRECES	SE PRODUCEN CREENCIAS LIMITANTES RESTRICTIVAS	NUEVOS DESAFÍOS Y NUEVAS POSIBILIDADES	ERES HÁBIL Y COMPETENTE. AUTOESTIMA ALTA

HAGAS LO QUE HAGAS Y ESTÉS DONDE ESTÉS, SIEMPRE ESTÁS VENDIENDO ALGO. ESTE CONOCIMIENTO ES PARTE DE UNA MENTE MILLONARIA

- UNA MENTE MILLONARIA ACCEDE AL BANQUETE ECONÓMICO DE LAS VENTAS

- VENDER ES: SERVIR, CREAR VALOR Y GENERAR UNA EXPERIENCIA DE COMPRA

CAPÍTULO 5

LA GRAN EDUCACIÓN DE LOS MILLONARIOS

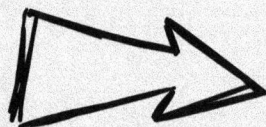

¿CÓMO FORMAS UNA MENTALIDAD MILLONARIA?

- **MANTÉN LA SED DE CONOCIMIENTO.** TENDRÁS QUE TENER EL HÁBITO DE LEER DIFERENTES TEMAS QUE SEAN DE TU INTERÉS. APRENDER TODOS LOS DÍAS ES PARTE DE TU RENOVACIÓN.

- **CREA IMÁGENES MENTALES GANADORAS.** AL INICIAR TU DÍA, DEBES SENTIR QUE ERES UN TRIUNFADOR. IMAGINA QUE PUEDES LLEGAR A SER EL NÚMERO UNO EN TODO LO QUE HACES.

- **TEN ENFOQUE, CONSTANCIA Y VOLUNTAD.** APÉGATE A TUS OBJETIVOS Y NO DESISTAS. PARA LLEGAR A CUALQUIER SITIO SE REQUIERE DETERMINACIÓN, PACIENCIA Y PERSEVERANCIA.

ESTOS PUNTOS TE PREPARARÁN PARA GENERAR UNA ACTITUD TRIUNFADORA Y ESTIMULARÁN TU ESTRUCTURA MENTAL Y EMOCIONAL. EL PROGRESO QUE CONSIGUEN LAS PERSONAS MÁS PRÓSPERAS DEL PLANETA LO DESARROLLARON NO POR SU EDUCACIÓN TRADICIONAL, SINO POR LO QUE APRENDIERON GRACIAS A SU EDUCACIÓN FINANCIERA Y SU MENTALIDAD MILLONARIA.

TE DARÉ
MÁS DETALLES

ADQUIERE EDUCACIÓN FINANCIERA

Si el dinero está en todas partes, ¿por qué muy pocos lo tienen? Porque crecimos con prejuicios y conceptos errados que nos incapacitan para saber cómo manejar el dinero y tomar decisiones correctas relacionadas con él. Para cambiar esta situación debes comenzar a ver al dinero como un aliado estratégico y no como un enemigo o algo lejano que no es para ti.

El verdadero pasaporte a la abundancia consiste en formarte financieramente. Pero muchos de nosotros compartimos una ilusión acerca del conocimiento financiero: creemos que sabemos todo lo que necesitamos en la vida respecto al dinero y, sin embargo, nuestros frecuentes errores nos demuestran lo contrario. Los equívocos más comunes que cometemos por la falta de educación financiera son los siguientes:

- Gastamos más de lo que ganamos.
- No ahorramos ni invertimos, y el dinero estancado no sirve.
- Usamos excesivamente las tarjetas de crédito.
- Gastamos en vicios (juegos, cigarros, etc.).

- No hacemos presupuestos por pensar que nos limitan.

- Nos mantenemos en nuestra zona de confort.

No es casualidad que países como Suecia y Dinamarca gocen de una gran prosperidad, ya que tienen un nivel muy alto de educación financiera. Ambos países presentan amplias ventajas con respecto a otros, como una gran cultura del ahorro, responsabilidad en la capacidad de pago de sus ciudadanos (ya que investigan y reúnen varias opciones antes de adquirir productos o servicios) y la inclusión de la educación financiera en sus programas educativos.

Si a ti no te enseñaron nada de esto, no te desmotives. La buena noticia es que puedes aprenderlo y generar un vínculo distinto con el dinero. ¿Cómo? Lo primero que tienes que hacer es dejar de esperar por el número ganador de la lotería. Lo segundo es incorporar los siguientes conocimientos y llevarlos a la práctica:

APÉGATE A TUS OBJETIVOS Y NO DESISTAS. PARA LLEGAR A CUALQUIER SITIO SE REQUIERE DETERMINACIÓN, PACIENCIA Y PERSEVERANCIA.

- Apégate a un presupuesto. He visto personas y empresas que por llevar una actitud presuntuosa y de gastos innecesarios, quedan anclados y sin salida. Por muy pequeños que parezcan esos gastos, al final del mes representan una carga importante. No pienses que llevar

una hoja de gastos te limita. Todo lo contrario, te permite llegar con más fuerza a fin de mes y con buen combustible. Te explico brevemente cómo generar un presupuesto: a) Realiza una lista de tus necesidades personales (gastos del hogar, alimentación, transporte, ropa, gastos médicos, diversión, ahorro e inversión, etc.); b) Suma todas tus entradas de dinero (salarios, intereses, inversiones, jubilación, etc.); c) Determina cuáles son tus gastos, no importa que sean muy pequeños; d) Calcula la diferencia entre ingresos y gastos para que no te endeudes y mantengas controlada tu salida de dinero.

- Entiende que cada moneda es un soldadito trabajando para ti. No importa si eres un empleado, emprendedor o dueño de negocio. El dinero se puede mover a tu gusto y como mejor te convenga. Requiere práctica y paciencia, pero tarde o temprano llega la recompensa. Mueve tus piezas para que el dinero te genere un ingreso pasivo que no requiera tu presencia física. A esto se le conoce como un activo. Su característica principal es que te produce una renta o un flujo de efectivo importante y no necesariamente tienes que estar presente para obtenerlo. Por ejemplo: regalías por patentes o licencias, rentas, derechos de autor, etc. Es decir, un activo es poner en alquiler un departamento que adquiriste mediante un crédito bancario, tus arrendatarios son los que pagan las cuotas a través de la renta que cobras y la plusvalía te sigue favoreciendo. Generar activos te permitirá disponer de más tiempo para disfrutar la vida.

- **Educa financieramente a tu familia.** Involucra a tu pareja y a tus hijos. Todos los miembros de tu familia deberían estar en sintonía con las ideas y nuevos conceptos que estás incorporando. Por ejemplo, una vez por semana puedes crear "el día de la educación financiera en casa". O bien, buscar juegos como "Cashflow" de Robert Kiyosaki, que son de gran utilidad.

- **Nunca dejes de instruirte financieramente.** Aunque sin duda son muy importantes, no te apoyes solo en los títulos universitarios. La educación financiera es una necesidad apremiante que tendrás que estudiar por tu cuenta si buscas alcanzar y comprender los secretos de los ricos. Lo importante es aprender mediante artículos en los periódicos, libros, conferencias, revistas especializadas, etc. Tienes que estar atento a cualquier información que encuentres al respecto y que pueda ayudarte.

> **SI QUIERES BAJAR DE PESO Y TENER MEJOR SALUD, ES NECESARIO CAMBIAR TU RELACIÓN CON LA COMIDA Y ADQUIRIR NUEVOS HÁBITOS ALIMENTARIOS. SI PRETENDES CAMBIAR TU SITUACIÓN FINANCIERA, DEBERÁS CAMBIAR TU RELACIÓN CON EL DINERO.**

USA TU INTELIGENCIA EMOCIONAL

Es muy importante que sepas que el dinero no llenará tus vacíos existenciales de ningún modo. Con o sin dinero, una persona negativa o apática ante la vida se mantendrá siempre de esta manera si no combate estas malas actitudes de la forma adecuada.

En mi vida he conocido a muchas personas negativas, pero recuerdo a una en especial que lo dejaba todo a la suerte y, además, se quejaba por todo si le iba mal. Cada día jugaba de manera desenfrenada un número de la lotería y gastaba sumas importantes de manera obsesiva. ¿Qué creen que pasó con esa persona? Hoy vive sin dinero, en un estado de frustración permanente y con resentimiento contra Dios y el universo, a quienes les atribuye su gran desgracia. Ahora bien, un punto importante al respecto y que quiero que entiendas bien es que todos podemos jugar y apostar, pero de una manera esporádica y sana, sin que ello se convierta en una obsesión que destruya tu vida ni la de tu familia.

En tu camino para desarrollar una mentalidad millonaria es indispensable que utilices la inteligencia emocional para hallar un sano equilibrio con respecto a tus emociones. ¿Pero qué es la inteligencia emocional? Es la capacidad para identificar y responder ante la conducta, el temperamento y las emociones propias y del resto. En otras palabras, es saber manejar tus emociones de manera equilibrada y sensata, reconociendo tus sensaciones y sentimientos y sacando provecho de ellos, de tal manera que te permitan ser feliz cada día. ¿Y qué tiene que ver esta inteligencia interior con el dinero? Mucho. Observa que una de las principales causas del apego al dinero son las emociones mal manejadas. ¿Cuántas veces hemos oído acerca de estafas o abusos de poder o de confianza porque el dinero termina dominando a las personas? De aquí mi interés por buscar que seas una persona equilibrada emocionalmente, ya que si el dinero llega a tu vida, solo la inteligencia emocional te ayudará a manejar esa

EL DINERO SE PUEDE MOVER A TU GUSTO Y COMO MEJOR TE CONVENGA. REQUIERE PRÁCTICA Y PACIENCIA, PERO TARDE O TEMPRANO LLEGA LA RECOMPENSA.

tremenda energía que envuelve a la abundancia monetaria. De nada te servirá tener mucho dinero si no te sientes bien contigo mismo, porque no lo utilizarás provechosamente.

UNA DE LAS PRINCIPALES CAUSAS DE APEGO AL DINERO SON LAS EMOCIONES MAL MANEJADAS.

En mis sesiones de trabajo muchos no entienden por qué toco el tema de las emociones cuando hablo de dinero. La importancia radica en que es necesario dejar a atrás tus malos apegos para obtener abundancia. Es decir, debes eliminar aquellas malas inclinaciones que destruyen tu vida o te desvían de tus objetivos. Porque cuando dejas atrás tus malos hábitos, es cuando verdaderamente nace tu libertad y el goce de las cosas.

> SI ASPIRAS AL BANQUETE DE LAS BUENAS EMOCIONES, CULTIVA TU INTELIGENCIA EMOCIONAL AL MÁXIMO.

TEN UNA ACTITUD MILLONARIA

La actitud positiva es un multiplicador en los negocios y una sabia herramienta interior para construir buenas relaciones personales. Por tanto, para llevar una vida de abundancia es necesario que tengas actitudes positivas. La buena actitud nos acerca a la grandeza y te convierte en el creador de tus propios momentos. Solo de ti depende que experimentes una vida fantástica, ya que como dice un conocido proverbio chino: "Hombre sin sonrisa no abre tienda".

¿Has notado que muchas personas van por la vida con el ceño fruncido, como enojados y creando barreras entre ellas y el ambiente que los rodea? Pareciera que estas personas no conocen este secreto fundamental: una actitud positiva es una gran semilla que abre puertas y multiplica las alegrías, tanto en lo personal como en los negocios. Es un estilo de vida que te traerá grandes beneficios y se convertirá en la luz que te guíe a cada momento.

Los dueños de las empresas pagan mucho dinero para que una consultora les diga: "Tienes una actitud errónea con tus clientes". Y si hay algo que ha evidenciado mi experiencia como consultor de negocios es que gran parte de los problemas de la mayoría de las compañías se centra en que tanto los dueños, como los empleados, no tienen la actitud correcta frente a los clientes y esto suele derivar en pérdidas importantes. La solución es simple: saber sonreír y aprender a dar una bienvenida o una atención cálida al cliente, y luego se les ofrece un buen producto o servicio. El camino de la prosperidad siempre requiere de una sonrisa y una actitud positiva. Esto también atrae riqueza. Te doy algunas ideas:

EL CAMINO DE
LA PROSPERIDAD
SIEMPRE REQUIERE
DE UNA SONRISA
Y UNA ACTITUD
POSITIVA.

- **Responsabilízate de tus acciones y formas de pensar.** No cultives pensamientos negativos, ya que esto te llevará a tener una mala actitud. Por ejemplo, si tu jefe no te dio el aumento que esperabas, habla con él, plantéale cómo puedes mejorar tu trabajo y pregunta qué expectativas tiene al respecto. De esta manera no te quedas a mitad del proceso, vas más allá y propones lo que tienes que hacer para acceder a eso que buscas.

- **Haz una lista de cosas negativas que quieres cambiar.** Ya sea en tu trabajo o en tu vida cotidiana, siempre hay cosas negativas que nos perjudican. Te propongo el siguiente ejercicio: toma una hoja en blanco y escribe las cosas negativas que quieres cambiar; piensa seriamente cómo puedes combatirlas. Una vez terminado, quema el papel y deja que se vaya aquello que te perjudica. ¡Dile adiós a lo que no te sirve!

LAS BUENAS ACTITUDES
ATRAEN RIQUEZA
Y MULTIPLICAN LA SEMILLA
DE LA ABUNDANCIA.

UNA HISTORIA PARA CONTAR

El único creador de tus actitudes eres tú. Nadie más es responsable de tu manera de ver el mundo. Para ilustrar este punto, quiero compartirte una sesión de trabajo que todavía recuerdo con gran claridad, en la que una pareja pudo salvar su matrimonio gracias al cambio de actitud, la voluntad y al buen manejo de los egos.

Nos encontrábamos tratando de cambiar la mentalidad en la relación y de encontrar las líneas de comunicación adecuadas. La actitud positiva en las parejas puede ser un gran pilar de desarrollo. Te presento el resumen del diálogo de la pareja renovada, con actitud positiva y proactiva, y el de la pareja estancada, con disposición negativa e infructuosa.

• Pareja estancada

"No vamos a compartir gastos. Yo gano más que tú, así que cada quien lo suyo. Yo voy a ver por mí y por mis intereses. Trabajo más que tú y sé salir adelante por mis propios medios".

Como nos podemos dar cuenta, todas estas palabras están cargadas con temores y egoísmo. Es una línea de comunicción centrada en el yo que fomenta problemas y estrés.

• Pareja renovada

"Amor, no importa la situación por la que estamos pasando, vamos a salir adelante juntos y sortearemos los problemas que la vida nos presente. Compartiremos los gastos y, además, generaremos un presupuesto para lograr la vida que queremos y merecemos. Nos apoyaremos y veremos la manera de crear más fuentes de ingresos juntos".

¿Te das cuenta del cambio de mentalidad y de actitud? Esta línea de comunicación abre puertas, fomenta el diálogo y tiene matices de inteligencia financiera, ya que incluso mencionan un presupuesto.

Más adelante abordaremos con mayor detalle el tema del dinero en las parejas. Así notaremos que las parejas que se educan en temas financieros y llevan una vida emocional sana son las que logran una vida feliz y plena.

GENERA ABUNDANCIA

Reflexiona y anota en tu libreta.

1. **¿Qué actitudes presentas frente al dinero?**

   Por ejemplo, están aquellos que no quieren gastar un centavo, a quienes solemos llamar avaros o tacaños. Por otro lado, están los generosos, que le dan dinero a todo el mundo sin reparo alguno. ¿A cuál de los dos te pareces? ¿Tienes un equilibrio entre estos dos extremos?

2. **Analiza cómo te comportas frente a los siguientes aspectos: dinero, trabajo, salud y relaciones.**

   ¿Con qué actitud los encaras? ¿Cuánto tiempo les dedicas? ¿En qué aspectos te sientes más fuerte y en cuáles más débil?

3. **¿Qué actitud tiene tu equipo de trabajo? ¿Y la gente que habitualmente te rodea?**

   ¿Negativos o positivos? ¿Ponen trabas a cada nueva idea o son proactivos siempre?

4. **Piensa si estás gastando tu dinero en algún objeto o servicio que no sea imprescindible en tu vida.**

   ¿Podrías dejar de destinar tu dinero a esto?

¿QUIERES CONOCER UN SECRETO?

UNA ACTITUD MILLONARIA DEPENDE DE LA FORMA EN LA QUE ORDENAS TU MENTE. SI TE GUSTA O DESAGRADA LA VIDA QUE LLEVAS, ÚNICAMENTE DEPENDE DE TI CÓMO DECIDAS VIVIR CADA MAÑANA. MIENTRAS SE ABRAN TUS OJOS Y SIGAS RESPIRANDO TIENES UNA OPORTUNIDAD PARA SER FELIZ. UNA VEZ LE PREGUNTARON A WINSTON CHURCHILL POR QUÉ ESTABA TAN ALEGRE SIEMPRE, A LO QUE ÉL SABIAMENTE CONTESTÓ: "CUANDO LAS COSAS VAN MAL HAY QUE ESTAR DE MEJOR HUMOR, YA QUE LAS DESGRACIAS HUYEN DE QUIENES NO LES HACEN CASO".

EN RESUMEN

PILARES FINANCIEROS

INTELIGENCIA EMOCIONAL

EDUCACIÓN FINANCIERA

MENTALIDAD MILLONARIA

GRAN PARTE DEL ÉXITO EN LA VIDA SE DEBE A LA ACTITUD POSITIVA Y LA PAZ INTERIOR

- CREA
- EVOLUCIONA
- EDIFICA
- AMA

- MANTENER UN FLUJO CONSTANTE DE EFECTIVO
- AHORRAR UN PORCENTAJE DE TU DINERO
- CREAR UN PRESUPUESTO DE GASTOS PARA RESPETARLO
- DESARROLLAR UN PLAN DE INVERSIÓN
- TENER MÁS DE UNA FUENTE DE INGRESOS
- REPETIR EL PROCESO CON BUENA ACTITUD

TE AYUDA A

CAPÍTULO 6

LA SABIDURÍA DEL DINERO

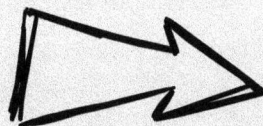

PARA GRAN PARTE DE LA SOCIEDAD EL DINERO CONTINÚA SIENDO UN TABÚ. Y AUNQUE CADA VEZ NOS ACERCAMOS MÁS A ENTENDER CÓMO FUNCIONA Y CÓMO INFLUYE EN NUESTRA VIDA, SIGUEN SIENDO LOS MENOS QUIENES SE ATREVEN A HABLAR CON LIBERTAD DE ÉL, YA QUE DE INMEDIATO LOS SEÑALAN: "ERES MATERIALISTA", "ES DE MALA EDUCACIÓN", "ES DE MAL GUSTO", ETC. ESTA RESTRICCIÓN HACE QUE NOS PRIVEMOS DE UNA VIDA DE ABUNDANCIA, CUANDO AL FINAL DEL DÍA TODOS NECESITAMOS DINERO, SEAS MUY RELIGIOSO O NO, TENGAS MUCHOS TÍTULOS O NO, SEAS DE LA NACIONALIDAD QUE SEAS. ¿O ACASO NO QUEREMOS DARLE LO MEJOR A NUESTROS HIJOS, A NUESTROS PADRES, A QUIENES QUEREMOS? EL DINERO NOS PERMITE SOLVENTAR LAS NECESIDADES BÁSICAS PARA SUBSISTIR, ADEMÁS DE FACILITARNOS EL ACCESO A COMODIDADES Y DARNOS LIBERTAD. POR LO TANTO, ¿POR QUÉ DEBERÍAMOS VERLO COMO ALGO NEGATIVO? SI PRETENDES OBTENER UNA MENTALIDAD MILLONARIA, ES NECESARIO QUE CREES UN DIÁLOGO POSITIVO CON RESPECTO AL DINERO.

TE DARÉ MÁS DETALLES

EL VERDADERO MILLONARIO

Un verdadero millonario sabe quién es y cómo monetizar sus cualidades. Claro que te encontrarás con otra clase de millonarios que no cumplen con estas características, pero los del siglo XXI deben tener altas dosis de inteligencia emocional, además de saber entender y manejar sus batallas interiores. Quien domine su interior, dominará el nuevo sistema monetario. Aquí te dejo algunas claves al respecto.

Estructura mental de un millonario

Tolerancia a la frustración
No pierden el control ante los problemas y saben reaccionar ante el enfado o la ansiedad.

Autocrítica
Saben admitir sus errores y los corrigen.

Actitud millonaria
Les encanta el aroma a oportunidades.

Productivo y positivo
Se enfocan en las cosas de valor y no en lo negativo.

Sentido de urgencia
Hacen las cosas bien desde el comienzo, pues su tiempo es valioso.
Control del ego
Saben acallar la voz interior negativa.

UN VERDADERO MILLONARIO SABE QUIÉN ES Y CÓMO MONETIZAR SUS CUALIDADES.

Tenemos que cambiar el paradigma de lo que se cree que es una persona con dinero, ya que generalmente tenemos conceptos negativos acerca de ellos. Y es lógico, porque hemos vivido influenciados por un sinfín de mitos, verdades a medias y prejuicios. No vamos a negar que hay personas con dinero que son deshonestas, abusivas, prepotentes y que solo se fijan en su propio beneficio. Pero ellos no corresponden al modelo de quien cuenta con una mentalidad millonaria y que te describo a continuación.

- Un verdadero millonario no se aferra a lo viejo; su mente millonaria le da acceso a grandes y nuevas experiencias.

- Tampoco es esclavo del tiempo, lo utiliza de forma valiosa.

- Comparte su riqueza y disfruta del éxito con quien le ayudó a conseguirlo.

- Sabe que las mejores cosas se hallan detrás del miedo y de lo desconocido, y es ahí donde pocos se atreven a llegar.

- Todos los días, llena su mente millonaria de grandes sueños y su agenda de acciones productivas.

- Es tan rico como la cantidad de oportunidades que puede generar para otros y las donaciones que hace para los más necesitados.

- Sabe que entre más da, más recibe, expandiendo así su fortuna.

> EL DINERO SOLAMENTE
> DA LA FELICIDAD
> SI HAY RIQUEZA
> EN TU CORAZÓN.

CONSTRUYE TU REALIDAD

Existe un "círculo virtuoso" de acciones que conducen a una economía sana y próspera al que llamaremos el círculo del dinero. Está constituido por 11 acciones importantes que, si las aplicas sistemáticamente, te conducirán a una economía equilibrada y favorable. Si estas acciones las vuelves hábitos al manejar tus finanzas personales, estarás en el camino correcto hacia una mente millonaria.

Círculo del dinero
1. Ahorrar   Se recomienda ahorrar de un 10 % a un 30 % de tus ingresos. Separa dicha cantidad en cuanto llegue dinero a tus manos, y no al final, cuando no quede nada.
2. Invertir   Los bienes raíces son una buena opción. Puedes comenzar adquiriendo pequeños terrenos con buena proyección.
3. Emprender   En cosas que verdaderamente te gusten y entiendas.
4. Leer   Por lo menos un libro al mes que trate sobre el dinero.

5. Estandarizar procesos

Para construir un marco de referencia, garantizar la calidad del sistema y medir su eficiencia. Es decir, desarrollar un método y seguir las reglas para su ejecución. Esto también te permite formar una nueva mentalidad y te da disciplina.

6. Hacer relaciones públicas

Conoce por lo menos ocho nuevas personas al mes y dales seguimiento.

7. Reinvertir

Recomiendo no sacar las utilidades al primer año. Es necesario darle los nutrientes al negocio para que madure y se fortalezca.

8. Comprender los ingresos pasivos

Son aquellos por los que trabajas solo una vez para generarlos y después te producen un ingreso recurrente.

9. Pensar en grande

No le pongas techo a tus pensamientos.

10. Monitorear y apegarte a tu presupuesto

Sirve para crear un futuro financiero exitoso y sacarle el máximo provecho a tu dinero. Observa tus ingresos y gastos sin perder el entusiasmo, ya que esto te permite cumplir mejor tus metas.

11. Servir y generar valor siempre

Brinda el mayor beneficio respecto al costo que se debe pagar. Esto te garantiza que la gente perciba que todo lo que ofreces vale la pena, superando siempre sus expectativas.

SI QUIERES DESARROLLAR UNA VERDADERA MENTALIDAD MILLONARIA DEBES PENSAR EN GRANDE.

PARA AHORRAR DE UN 10 % A UN 30 % DE TUS INGRESOS SEPARA DICHA CANTIDAD EN CUANTO LLEGUE DINERO A TUS MANOS, Y NO AL FINAL, CUANDO NO QUEDE NADA.

El círculo del dinero lleva un orden y si no estás obteniendo éxito financiero, quizás sea porque interrumpes el proceso por tu impaciencia. Dale el tiempo necesario y motívate a través de tu mente creadora. Es muy importante que hagas las paces con el dinero y que recuerdes que él no es el culpable de absolutamente nada. Tú eres quien cambia cuando llega el dinero, tú eres el que se siente de otro planeta al tenerlo, tú eres quien lo presume o lo usa. Si nos estamos relacionando de una mala manera con el dinero, nosotros mismos lo alejamos de nuestras vidas. Ahora bien, si aprendes a administrar una pequeña cantidad, también tendrás la habilidad de manejar una gran fortuna. No importa la dimensión de tu capital. Las mismas reglas aplican para todos y para cualquier suma monetaria. Mi recomendación es que practiques en pequeña escala para que después estés preparado para las grandes ligas. Recuerda que si quieres desarrollar una verdadera mentalidad millonaria debes pensar en grande, para así alcanzar todo lo que quieras. Echemos un vistazo a estas cuatro reglas esenciales del dinero.

REGLA 1 Haz dinero con sabiduría

Si tenemos problemas económicos, es porque hemos dejado de hacer cosas importantes, como no tener un presupuesto actualizado, no tener metas claras por escrito, depender de una sola fuente de ingresos, no generar ingresos pasivos, etc. Deberás programarte con órdenes mentales en voz alta ("Seré el mejor en lo que hago") y realizar aquello que nunca has hecho o has dejado de hacer, poniéndolo en práctica. En este sentido, tu teléfono celular puede ser un generador de riqueza, aunque para muchos solo sea un gasto mensual que les saca dinero sistemáticamente. Por ejemplo, haz las llamadas correspondientes a tus clientes o posibles compradores para sacarle partido al dispositivo, o quizás te convega llevar tu producto o servicio a una aplicación para celulares. Si tu celular tiene una buena cámara, existen aplicaciones gratuitas de registro para que comiences a publicar tus fotos artísticas y creativas. Si alguien compra tu foto, te pagarán una comisión, ya sean empresas de publicidad o de marketing, que son las más interesadas.

REGLA 2 Usa el dinero para hacer más dinero

Si vas a producir más dinero, puedes usar el tuyo, el de un crédito o el de préstamos familiares. Pero jamás uses ese dinero de terceros para lo que no te genere más dinero. Por ejemplo, no pidas prestado para unas vacaciones. Primero produce el flujo requerido para que puedas darte ese descanso que mereces. Evita la salida más fácil, que es pagar con la tarjeta. Ponte creativo y que sea un reto generar la cantidad que necesitas para tus anheladas vacaciones.

REGLA 3 Pierde el miedo a invertir

Los mejores negocios se hacen cuando hay una crisis. Es necesario correr riesgos, aunque siempre calculados. Si estás buscando ganar mucho y no arriesgar nada, estás en el canal equivocado. Una mentalidad millonaria se atreve a salir del confort, se aventura a ser diferente, a soñar y a actuar en grande. Un riesgo calculado es cuando planeas a detalle previamente y contemplas las diferentes opciones. Te invito a que desarrolles un buen plan de negocios y a que dediques tiempo a realizar las proyeccciones financieras necesarias si es que vas a invertir en un negocio. Desglosa todos los escenarios posibles y aprende a estar preparado para cualquier eventualidad. De esta manera podrás elaborar un presupuesto adecuado y real.

REGLA 4 Prográmate para ganar

Si estás acostumbrado a escuchar todo el tiempo las palabras "riesgos", "crisis" o "dificultades", estás programado para no ganar. En todos lados hay problemas, pero eso no debe ser un impedimento para salir adelante. Sacúdete los temores e ingresa información útil a tu cerebro que te convierta en un ganador. Las palabras que usas de manera cotidiana juegan un papel muy importante en tu día, ya que son un medio para desarrollar una mente de abundancia. Pueden llegar a moldear todo tu entorno porque tienen mucho poder.

ES MUY IMPORTANTE QUE HAGAS LAS PACES CON EL DINERO.

Algunas personas no salen de sus problemas económicos porque, además de poseer malos hábitos financieros, llevan anclado un vocabulario que no les ayuda. Por ejemplo: "La crisis nos pegó fuerte"; "Esto es imposible para mí"; "No creo que exista una salida"; etc. Las palabras son decretos en tu vida. Si aprendes el lenguaje del dinero, este te perseguirá. Prueba repetir en voz alta: "Mi riqueza está en saber administrar mi tiempo y enfocarme en las cosas que realmente son productivas". El verdadero origen de cualquier fortuna comienza con un léxico rico en decretos que te permita construir tu realidad.

Por otro lado, en la verdadera sabiduría del dinero podrás encontrar dos conceptos de suma importancia: servir y generar valor. Cuanto más sirvas y les facilites la vida a las personas, más dinero podrás obtener.

> ❝ EL BUEN TRABAJO DIGNIFICA A LA PERSONA Y LE BRINDA SATISFACCIÓN CUANDO LO HACE BAJO LAS REGLAS DEL CORAZÓN, SIN VIOLENTAR SU INTEGRIDAD HUMANA Y CON MUCHA SABIDURÍA. ❞

CREATIVIDAD Y RIQUEZA

La creatividad es la capacidad que tenemos los seres humanos para concebir algo. Esta capacidad tiene un papel fundamental en tu libertad financiera. La mente millonaria produce ideas positivas y soluciones. Por eso la creatividad ha sacado a muchos de la escasez material. De ti depende activar este mecanismo.

La creatividad es sinónimo de riqueza y es universal, ya que todos pueden acceder a ella. Es parte de nuestra naturaleza humana. Para alcanzar la abundancia es necesario tener y desarrollar grandes dosis de creatividad. Piensa que en nuestros tiempos todavía existen muchos problemas por resolver, y hay mucho capital esperando por ideas disruptivas que rompan con lo ya establecido.

Hoy más que nunca debemos valorar nuestras propias ideas. Si tenemos problemas económicos, las ideas creativas nos pueden ayudar a resolverlos. Vivimos en una era privilegiada y sumamente creativa, porque tenemos mucha información disponible, además de tecnología y recursos económicos para lograr grandes cosas.

Como consultor de negocios me he dado cuenta de que hay personas que no están felices en sus lugares de trabajo. Ello se debe principalmente a que sus espacios laborales resultan poco atractivos o descuidados. Esto disminuye su creatividad y hace que sean menos productivos, lo cual provoca pérdidas económicas a sus respectivas empresas. Considera que somos seres emocionales y la creatividad está relacionada con las emociones. Así que si tú estás bien, tu mente también estará en condiciones de ser creativa. Nadie podrá escapar de esta era de la economía creativa ni tampoco de la transformación digital. Por eso, las personas que desarrollen un pensamiento creativo y disruptivo serán muy valoradas. El ojo disruptivo

SACÚDETE LOS TEMORES E INGRESA INFORMACIÓN ÚTIL A TU CEREBRO QUE TE CONVIERTA EN UN GANADOR.

ve cosas que otros no ven y, además, siempre lleva la innovación por encima de todo. Normalmente las personas que piensan de un modo diferente son censuradas o juzgadas. Pero en la era de la economía creativa, quien estimule el pensamiento creativo ganará mucho dinero.

LA MENTE MILLONARIA PRODUCE IDEAS POSITIVAS Y SOLUCIONES.

Para generar pensamientos disruptivos es necesario formular hipótesis que también lo sean. Pregúntate: "¿qué pasaría si...?". Te invito a que realices una lluvia de ideas y no te cierres a nuevas posibilidades, por muy descabelladas que parezcan. Te doy un ejemplo: ¿qué pasaría si mi ropa me diera información importante sobre el clima, mi salud y el tráfico?

> ❝
> LAS PERSONAS PRÓSPERAS Y FELICES
> TRABAJAN EN ENTORNOS CREATIVOS.
> LA SENSACIÓN DE COMUNIDAD
> Y BUENA COLABORACIÓN
> GENERA RIQUEZA.
> ❞

UNA HISTORIA PARA CONTAR

A la empresa Apple, la creatividad le ha redituado millones. Una historia interesante alrededor de esto fue el caso del iPod, ese pequeño artefacto que revolucionó la manera de transportar y reproducir música.

Fue un éxito gracias a la formidable creatividad del equipo de Apple y a la visión de Steve Jobs, el líder que llegó a descubrir nuevos caminos en nuestra realidad.

Cambió las computadoras, la música y el cine, creando una nueva industria que nunca pensamos necesitar. Pero no solo fue con el iPod que provocó estos grandes cambios, sino con la gran mayoría de sus productos, logrando crear una compañía multimillonaria.

Lo más importante fue que Steve Jobs no se preocupaba por el dinero, sino por estar fomentando constantemente la creatividad y la producción de novedosos productos, como lo dijo en alguna entrevista.

"Tenía más de un millón de dólares a los 23 años, más de diez millones cuando tenía 24 años y más de cien millones de dólares cuando tenía 25 años, y nunca fue importante porque nunca lo hice por dinero".

Así que ya lo sabes, nunca renuncies a tus sueños, ama lo que haces y no te olvides que la creatividad siempre debe ocupar un papel fundamental.

GENERA ABUNDANCIA

Te dejo algunos decretos que puedes poner en práctica en tu vida, no sin antes advertirte que esto no es magia. Es necesario que estés alineado con la acción y la mentalidad millonaria. Dedica unos 15 minutos por la mañana para reflexionar a conciencia sobre estos puntos y prepárate para tu día.

1. **Nadie me puede hacer daño sin mi consentimiento.**
   Tomo lo bueno y elimino lo malo de mi vida.

2. **Mi riqueza está en enfocarme en las cosas que realmente son productivas y en saber administrar mi tiempo.**
   Optimizo mi tiempo porque es valioso.

3. **Mi mente millonaria es tierra fértil, un lugar donde solo se plantan pensamientos positivos.**
   Soy lo que pienso y la semilla del miedo no me domina.

4. **Promesa al dinero: voy a ser la misma persona si llega el dinero en abundancia, ya que lo quiero en mi vida para siempre.**
   Lo administraré con un corazón sano, sin malos apegos, porque es una herramienta para hacer el bien, además de que poseo la mentalidad millonaria necesaria para conservarlo.

¿QUIERES CONOCER UN SECRETO?

LOS BANCOS JUEGAN A QUE TE EQUIVOQUES, PORQUE DE ESTA MANERA GANAN BASTANTE DINERO. PERO SIEMPRE VA A SER MEJOR QUE SEAS TÚ QUIEN JUEGUE CON EL DINERO DE ELLOS, QUE ESTÉS ALERTA Y SALGAS BENEFICIADO CONOCIENDO EXACTAMENTE TUS FECHAS DE CORTE, LAS FECHAS LÍMITE DE PAGO Y LOS PAGOS NECESARIOS PARA NO GENERAR INTERESES. RECUERDA USAR SOLAMENTE DEUDA BUENA PARA PRODUCIR MÁS DINERO. PUEDES CONSEGUIR UN CRÉDITO PARA CAPITAL DE TRABAJO DESTINADO A EXPANDIR TU NEGOCIO, SIEMPRE Y CUANDO EXISTA UNA ADECUADA PLANEACIÓN FINANCIERA. EL FLUJO DE DINERO QUE GENERES DEBE SER SUFICIENTE PARA PAGARLO Y TENER UNA RENTABILIDAD IMPORTANTE.

EN RESUMEN

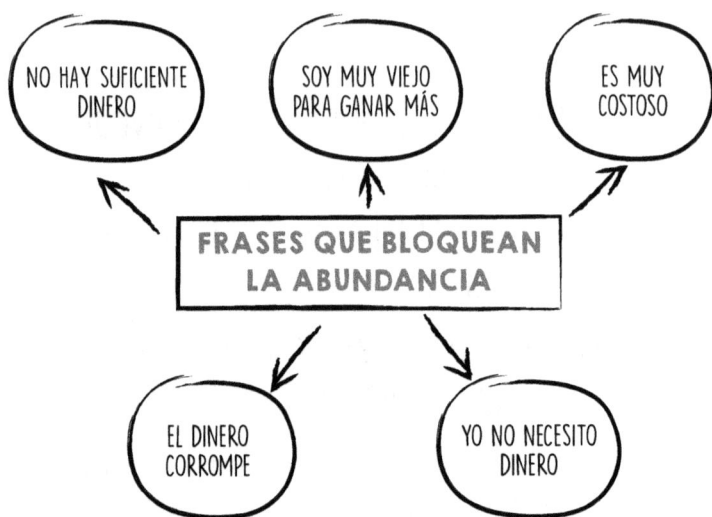

NO HAY SUFICIENTE DINERO

SOY MUY VIEJO PARA GANAR MÁS

ES MUY COSTOSO

FRASES QUE BLOQUEAN LA ABUNDANCIA

EL DINERO CORROMPE

YO NO NECESITO DINERO

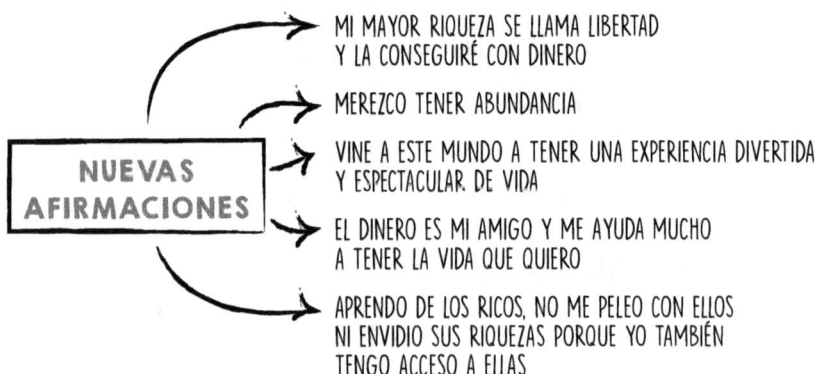

NUEVAS AFIRMACIONES

MI MAYOR RIQUEZA SE LLAMA LIBERTAD Y LA CONSEGUIRÉ CON DINERO

MEREZCO TENER ABUNDANCIA

VINE A ESTE MUNDO A TENER UNA EXPERIENCIA DIVERTIDA Y ESPECTACULAR DE VIDA

EL DINERO ES MI AMIGO Y ME AYUDA MUCHO A TENER LA VIDA QUE QUIERO

APRENDO DE LOS RICOS, NO ME PELEO CON ELLOS NI ENVIDIO SUS RIQUEZAS PORQUE YO TAMBIÉN TENGO ACCESO A ELLAS

CAPÍTULO 7

LA NUEVA ECONOMÍA

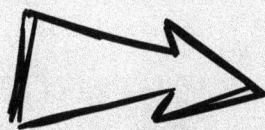

ESTAMOS EN LA MEJOR ÉPOCA PARA GENERAR ABUNDANCIA Y PROSPERIDAD EN NUESTRAS VIDAS DE UNA MANERA SABIA Y NATURAL. TRANSITAMOS HACIA UNA NUEVA CONCIENCIA QUE ESTÁ ÍNTIMAMENTE LIGADA CON LAS CAPACIDADES ÚNICAS E INDIVIDUALES QUE POSEEMOS TODOS LOS SERES HUMANOS. EN LAS PRÓXIMAS DÉCADAS VIVIREMOS EN UNA ECONOMÍA QUE RENOVARÁ LA MANERA DE RELACIONARNOS CON EL DINERO Y DE MONETIZAR NUESTRAS CAPACIDADES. EL NUEVO ORDEN NOS HARÁ MÁS CONSCIENTES DE CÓMO PRODUCIMOS RIQUEZA. AHORA BIEN, EN ESTE TIEMPO DE TRÁNSITO ES NECESARIO QUE NOS ADAPTEMOS AL NUEVO SISTEMA CON TODA NUESTRA ENERGÍA. TU ÉXITO DEPENDERÁ DE QUÉ TAN ATENTO ESTÉS A ESTOS CAMBIOS PARA BENEFICIARTE DE ELLOS. PORQUE ADEMÁS DE SER ALGO QUE SE ESTUDIA TODOS LOS DÍAS, EL ÉXITO ES UN ESTILO DE VIDA QUE REQUIERE MANTENER MUY ABIERTOS EL CORAZÓN Y LA MENTE.

TE DARÉ MÁS DETALLES

IDENTIFICA
LO QUE TE GUSTA

Si no trabajas en lo que amas, es posible que estés atravesando un conflicto interno porque no te desarrollas en aquello que realmente te gusta hacer y te motiva. Ante esta situación, la primera pregunta que surge es: ¿cómo hacer para desarrollarme en algo que realmente me satisfaga y me complemente como persona? La respuesta se encuentra en tus habilidades naturales. ¿Pero qué son? Capacidades especiales que tenemos los seres humanos para desempeñar una actividad o ejercer una ocupación. Esta capacidad está asociada a la habilidad innata de cada uno, siendo algo que nos motiva y nos llena de entusiasmo no solo porque nos gusta hacerlo, sino también porque sentimos que muy pocos pueden hacerlo tan bien como nosotros mismos. En otras palabras, son una expresión de nuestra grandeza, que emula la fase creadora de la naturaleza, y las cuales se ejercitan con entusiasmo, dedicación y voluntad. Son un verdadero tesoro en la generación de riqueza y abundancia en tu vida.

Siempre que me preguntan cuál es la mejor forma de hacer dinero, mi respuesta es la misma: monetizando tus fortalezas y por medio de las claves y los principios de la mente millonaria. Estos dos elementos son los pilares básicos para esta era que atravesamos. Por eso, quien cambie su mentalidad, experimentará un nuevo horizonte para atraer la abundancia. Tener una mente millonaria es un estilo de vida, pues no dejarás de preguntarte sobre tu realidad, ya que este tipo de mente sabe que debes encontrar lo que te hace feliz para obtener la abundancia de manera sana y equilibrada. En este sentido, es muy importante dedicarnos a algo que genuinamente tenga un significado valioso para nosotros. ¿O no sabías que gran parte de las personas que más dinero ganan en este planeta son las que verdaderamente aman lo que hacen, obteniendo, en la mayoría de los casos, más de lo que necesitan a causa de esto? Comienza a observar para qué eres bueno, adáptate a esta nueva era y fluye con ella. Si trabajas en algo que no te gusta, no te preocupes, a la par puedes ir descubriendo y perfeccionando tus fortalezas para cuando estés listo para emprender el vuelo hacia lo que amas de verdad. Todos somos buenos en algo, eso puedo asegurártelo. Quizás seas hábil para hablar en público, otro puede serlo para los números, alguien más para vender o liderar, para aconsejar o escribir. Hay una actividad en la que eres muy bueno y necesitas saberlo para ganar dinero con eso.

Cuando hablo con mis clientes, muchos me dicen: "Es que tengo que trabajar. No me queda

> EL ÉXITO ES UN ESTILO DE VIDA QUE REQUIERE MANTENER MUY ABIERTOS EL CORAZÓN Y LA MENTE.

otra". En cambio, pocos comentan: "Estoy excelente. Disfruto de mi trabajo porque lo amo". Si realizas una actividad solo por dinero y esta no coincide con tus gustos e intereses, te expones a perder la brújula y a desanimarte con mayor facilidad. Si vas a ganarte la vida, que sea con lo que mejor sabes hacer y elimina de tu vocabulario la expresión "cualquier trabajo está bien".

¿Te imaginas a Carlos Slim como futbolista? Nunca sabremos si hubiera llegado a ser una figura excepcional del deporte, pero de lo que sí estamos seguros es que es un líder sobresaliente y un creador de grandes empresas a nivel mundial. ¿Y sabes a qué se debe su excelencia como empresario e inversionista? A su talento natural en los negocios.

TALENTO = PODER = RIQUEZA = POTENCIA NATURAL = FORTALEZA ESPIRITUAL

Como ejercicio, te propongo que tomes tu libreta y un bolígrafo, te alejes del ruido y busques un lugar donde puedas tener tranquilidad. Tómate tu tiempo. Si toda tu vida has batallado para saber cuál es tu habilidad natural, es necesario cuestionarte para que reveles ese gran tesoro que llevas dentro. No te angusties. Estoy aquí para ayudarte a descubrir tu grandeza. Ahora déjate llevar y contesta las siguientes preguntas.

1. ¿Cuáles son tus mejores habilidades?

2. ¿Qué actividad te sacaba una sonrisa de niño?

3. ¿Con qué actividades pierdes la noción del tiempo?

4. ¿Qué cosas te resultan fáciles de hacer?

5. ¿Por qué cosas suelen darte las gracias?

6. Imagina que has ganado la lotería, ¿en qué invertirías tu dinero?

7. ¿Sobre qué temas te gusta hablar con tus amigos o seres queridos?

8. ¿Cómo sueles ayudar a otros?

9. ¿Cómo te gustaría que te recordaran los demás?

10. ¿Qué temas te gusta investigar o buscar en internet?

11. ¿Qué cosas te apasionan y emocionan?

No te preocupes si las respuestas no llegan de inmediato. Estas preguntas deberás tenerlas presentes y trabajarlas a diario de manera profunda. La gran noticia es que de este modo descubrirás tu talento y encontrarás el camino. Si te dedicas a desarrollar y potenciar tu capacidad natural de forma consciente y exclusiva, serás un triunfador y llegará la abundancia a tu vida. Y si con igual conciencia fomentas la mentalidad millonaria como estilo de vida, estarás en sintonía con esta era y podrás acceder a sus riquezas. En esta economía de los talentos debemos ver los problemas con mayor amabilidad, usando nuestras cualidades para resolverlos. Entre más problemas resuelvas, tu inteligencia y creatividad serán mayores. Entre más pasión le pongas a tus actividades, más libre serás. ¿O nunca escuchaste ese dicho que dice que si te dedicas a lo que te gusta no tendrás que trabajar? De eso se trata, de que tu actividad no la veas como una carga, sino como algo que disfrutas y deja paz en tu corazón.

SI VAS A GANARTE LA VIDA, QUE SEA CON LO QUE MEJOR SABES HACER.

SI APUNTAS AL TALENTO, VIVIRÁS PLENO Y CON GRAN EQUILIBRIO EMOCIONAL.

MONETIZA TUS FORTALEZAS

¿Qué sucede cuando sabes para qué eres bueno, pero todavía no te genera dinero? Si ya sabes cuáles son tus fortalezas naturales, tienes que aprender a hacer dinero con ellas. Es muy importante que si eres bueno en algo, no lo hagas gratis. Tu talento vale oro y debes respetarlo. No tengas miedo de ponerle un precio, porque la gente pagará por lo que haces. Se trata de tu carta de presentación.

Para dar a conocer esa habilidad natural, tienes que confiar en ti y construir tu propia marca personal. Ponle tu estilo propio y hazlo de manera profesional. No descartes crear un logotipo, tener tu página web y mostrarte como experto en la habilidad que posees. Puedes escribir artículos o blogs que te proyecten, puedes grabar videos y subirlos a Youtube, asistir a eventos y crear redes de contactos, o networking. La clave está en que tu talento se vea profesional. De esta manera podrás cobrar con autoridad y que las personas confíen en ti. Por ejemplo, si eres bueno para la pintura, al hacer todo lo anterior podrás proyectarte al mundo. ¿Sabías que actualmente los millennials son la generación de consumidores más grande del planeta? Entonces, debes estar preparado, ya que existe un enorme mercado dispuesto a pagar por tu talento. Ahí hay una magnífica oportunidad de hacer negocios.

Es hora de rescatar la habilidad que has dejado de lado por mucho tiempo, porque nadie te enseñó cómo aprovecharla. Desde muy pequeños, muchos vimos que el premio por trabajar ocho horas diarias o más era terminar molestos, aburridos y sin energía, desempeñando actividades ajenas a la pasión. Para no caer en esta situación, oblígate a hallar el modo de rentabilizar lo que sabes hacer bien y que llevas en la sangre. La necesidad es la madre de las grandes ideas, no tengas miedo, ya que la vida cambia radicalmente cuando amas lo que haces.

IMAGINA QUE HAS GANADO LA LOTERÍA, ¿EN QUÉ INVERTIRÍAS TU DINERO?

> GENERA ABUNDANCIA EN TU VIDA UTILIZANDO SABIAMENTE TUS HABILIDADES NATURALES Y PONIÉNDOLAS AL SERVICIO DEL BIEN COMÚN.

DESARROLLA UN PLAN ESTRATÉGICO

Uno de los grandes errores que cometen muchos jóvenes cuando egresan de la universidad es no tener un plan que les permita estar bien económicamente, ya que nadie les enseña cómo elaborarlo. Para prosperar, es indispensable desarrollar un plan estratégico que analice con seriedad y responsabilidad tus fortalezas y debilidades. Define por escrito tu misión, objetivos y valores para tu vida; conoce exactamente cuánto es lo quieres ganar; ten un presupuesto claro y un plan de ahorro e inversión; descubre dónde estás parado para saber llegar a tus metas.

En otras palabras, lo que te estoy pidiendo que hagas es algo parecido a un mapa de riqueza. Puedes usar un pizarrón y proyectar tu futuro en él, o bien utilizar imágenes de revistas que definan claramente cómo te quieres ver. Solo te pido que no te dejes llevar por la corriente y averigües qué quieres hacer exactamente con tu vida profesional o laboral, porque si no lo sabes tú, ¿quién entonces? Esta es la mejor manera de estar preparados para hacer frente a las batallas que el sistema nos presenta, sin importar qué carrera tengas o cuál sea tu talento. Recuerda que los patrocinadores de todos tus sueños deben ser tus fortalezas, esas capacidades innatas que hay en ti, ya que te harán sentir pleno y feliz en todo momento. Por lo que deja de realizar actividades que no formen parte de tu plan estratégico de vida. A continuación, te comparto las ventajas que podemos observar al elaborar este mapa o plan estratégico.

- Tomarás mejores decisiones. Al saber exactamente a dónde quieres llegar, tendrás un contexto más poderoso y certero. No más dejarse llevar por la corriente o tener que decir: "A ver qué me depara el destino".

- Tendrás claras las actividades que te acercarán a tu proyecto de vida. Muchas personas no fracasan, solo dejan de intentarlo porque se pierden entre tantas actividades que no los conducen a donde quieren, lo cual pronto los desmotiva.

DEJA DE REALIZAR ACTIVIDADES QUE NO FORMEN PARTE DE TU PLAN ESTRATÉGICO DE VIDA.

- Verás de forma tangible todo lo que se encuentra en ese mapa o plan estratégico. Será como si ya estuviera pasando de tu mente a la realidad.

- Estarás más dispuesto a celebrar tus logros, por muy pequeños que sean. Sabrás que cada paso que des te conduce a la meta y al objetivo establecido.

- Vislumbrarás con mayor claridad tu futuro al diseñar tu mapa mental de riqueza. Tendrás en tus manos el lienzo para plasmar cada detalle de la vida que quieres tener.

- Para elaborar el plan de riqueza, ayuda diseñarlo en función de los siguientes temas, incluidos en las grandes categorías que hay en nuestra vida.

- Categoría profesional: carrera, educación, habilidades, negocios, etc.

- Categoría personal: padres, hijos, familia, pareja, etc.

- Categorías secundarias: diversión, estilo de vida, viajes, etc.

> SI AMAS LO QUE HACES,
> CUALQUIER BILLETE O MONEDA
> QUE TENGAS EN EL BOLSILLO
> SE VA A MULTIPLICAR.

UNA HISTORIA PARA CONTAR

Cuando era niño pensaba que los adultos sabían de dinero y que amaban lo que hacían. Pero hoy sé que no es del todo cierto.

Un día en el que conducía de regreso a casa, una gran tormenta arreciaba y el medidor de gasolina indicaba que estaba a punto de quedarme varado a mitad del camino. Me encontraba en una zona alejada y me sentía angustiado por el clima, esperando encontrar una estación de gasolina lo más pronto posible.

Recuerdo que estaba a punto de oscurecer y solo pensaba en que no quería quedarme en aquella zona despoblada. De pronto visualicé dos autos que obstruían el angosto camino. Bajo aquella fuerte lluvia, había dos hombres discutiendo. Para mí no podía ser peor. Esperé un poco para ver si se movían, pero pasaba el tiempo y ellos seguían en su acalorada polémica, sin importarles estarse mojando. No tenía forma de avanzar, por lo que apagué el auto y esperé, sin éxito. En mi desesperación, decidí bajarme e intervenir. Les pregunté qué ocurría y por qué no se apartaban. Entonces, uno de ellos volteó y me dijo con voz agitada que estaban hartos del negocio en el que eran socios, que no llegaban a ningún acuerdo y habían perdido mucho dinero. Les pregunté por el tipo de negocio que tenían y la respuesta fue tajante: "Uno que nunca entendimos, en el que jamás delegamos responsabilidades y al que nos metimos porque a un conocido le fue bastante bien".

Los miré fijamente sin decir una palabra. Todo estaba dicho. Regresé a mi auto pensando en cuántas historias similares existen, cuando nos involucramos en negocios sin entender su esencia, sin saber si coinciden con nuestro propósito de vida y sin conocer si realmente son compatibles con nuestro talento. ¿Cómo podemos esperar que nos vaya bien en una actividad en la que no entendemos su naturaleza?

GENERA ABUNDANCIA

La mejor manera de obtener buenos resultados es sitiando tu cerebro. Algo así como exponerte de manera obligada a la información relacionada con lo que quieras lograr o aprender. Así fuerzas al cerebro a pensar y actuar en función de aquello que anhelas. Sabiendo esto, ahora quiero que realices el siguiente ejercicio.

1. **Busca y dedícate a ver películas o a leer libros (mínimo tres) relacionados con los talentos o con personas que tuvieron éxito gracias al uso de sus talentos.**

2. **Anota tres sueños que quieras lograr.**
   Ponles fecha de inicio y término para que no se queden en un simple sueño. Anota todos los pasos intermedios que debes dar para lograrlos.

3. **Haz una propuesta para desarrollar tu propio plan estratégico o para monetizar tu talento, ya que el éxito debe tener una planificación.**

PARA QUE TU DEUDA TODAVÍA SEA SANA Y CONTROLABLE, DEBE SER MENOR AL 30 % DE TUS INGRESOS. SI LA DEUDA SOBREPASA ESE PORCENTAJE, TE METERÁS EN SERIOS PROBLEMAS Y SEGUIRÁ CRECIENDO SI NO TE AJUSTAS O ENCUENTRAS LA MANERA DE GENERAR MÁS FUENTES DE INGRESOS.

EN RESUMEN

LAS PERSONAS NO PLANEAN SU ÉXITO

SEMILLA DEL TALENTO

PLANIFICACIÓN

ÉXITO

PROYECTO DE VIDA

PRODUCE

ESTILO DE VIDA

"LOADING"

EN PROCESO, CARGANDO UNA VIDA CON LIBERTAD FINANCIERA

(+)
FELICIDAD

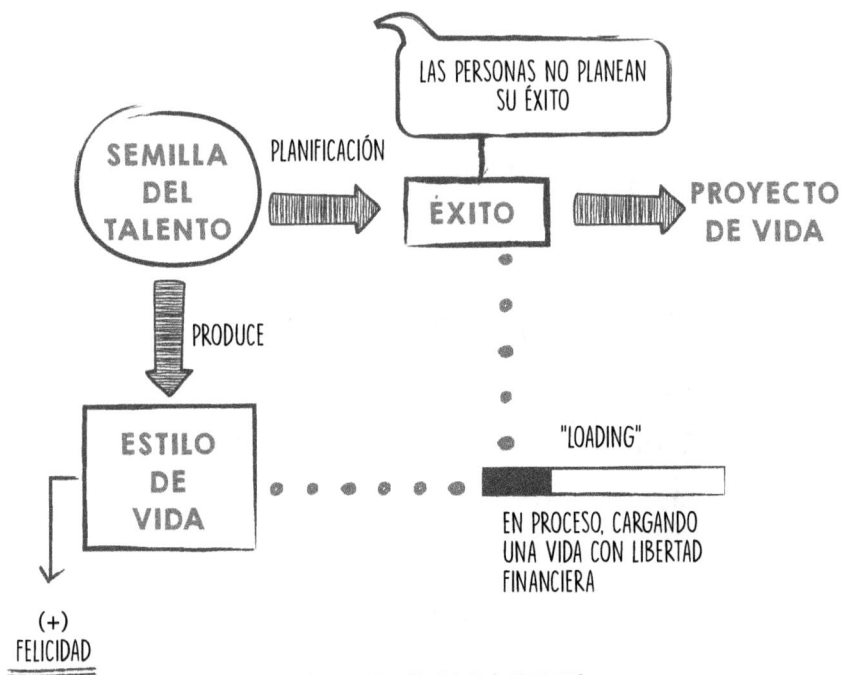

"HACER DINERO USANDO TUS TALENTOS SIEMPRE SERÁ EL MEJOR VIAJE DE TU VIDA"

¿CUÁNDO EMPIEZAS?

CAPÍTULO 8

LOS PRÓXIMOS MILLONARIOS

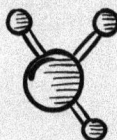

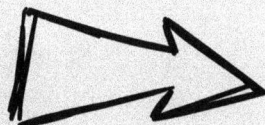

¿TE HAS DADO CUENTA DE QUE TODOS NUESTROS SISTEMAS POLÍTICOS, EDUCATIVOS, LEGALES, ECONÓMICOS Y DE SALUD FUERON DISEÑADOS PARA UN MUNDO DE HACE CIEN AÑOS? ES DECIR, FUERON CREADOS PARA UN MUNDO QUE NO CONSIDERABA NUESTRA REALIDAD ACTUAL, BASADA EN EL DINAMISMO DIGITAL. HOY, LA MAYOR PARTE DE NUESTRAS COMUNICACIONES SON ELECTRÓNICAS, LO CUAL IMPLICA QUE NOSOTROS TAMBIÉN DEBEMOS DEJAR ATRÁS VIEJOS PARADIGMAS Y AJUSTAR NUESTRO CHIP MENTAL. EN LA ACTUALIDAD, QUIEN SEPA USAR ADECUADAMENTE LOS DATOS GOZARÁ DE ABUNDANCIA EN EL SIGLO XXI. ANTES SE CONOCÍA AL PETRÓLEO COMO EL NUEVO ORO Y SE LE SOLÍA LLAMAR ORO NEGRO. Y NO TARDAMOS EN QUE LOS NUEVOS OROS SEAN EL CONOCIMIENTO Y LA INFORMACIÓN. ASÍ QUE LAS PERSONAS QUE SE INSTRUYAN Y APRENDAN POR SUS PROPIOS MEDIOS Y RECURSOS, TENDRÁN ACCESO AL GRAN BANQUETE ECONÓMICO DIGITAL.

TE DARÉ
MÁS DETALLES

CONVIÉRTETE
EN AUTODIDACTA

Existe un gran conocimiento que está disponible para todos. Se trata de internet y su mundo de información, que están revolucionando a la sociedad y la economía. No podemos ser solo espectadores, es necesario subirnos a este gran progreso que se nos presenta.

Lo más importante es que "aprendas a aprender", es decir, debes ser consciente de cómo aprendes y cómo puedes desarrollar un método eficaz de estudio para tu beneficio. Por ejemplo, debemos cultivar nuestro sentido crítico y saber cómo interpretar las opiniones. En mi caso, utilizo muchos diagramas o esquemas que facilitan mi aprendizaje. Gracias a que el cerebro los comprende con sencillez, puedo entender y retener mucha información por periodos prolongados. Mi método es sencillo: leo, interpreto, reflexiono, teorizo, experimento y hago un diagrama. Mucha gente me pregunta cómo conseguí miles de seguidores en mi fan page, y les respondo que en gran medida ha sido por simplificar el conocimiento, el mismo que está allá afuera, esperándote. Siempre me ha gustado explicar los conceptos mediante diagramas que favorecen el aprendizaje. Pienso que

NO PODEMOS SER SOLO ESPECTADORES, ES NECESARIO SUBIRNOS A ESTE GRAN PROGRESO QUE SE NOS PRESENTA.

de eso se trata. Si aprendes a aprender, te adaptarás rápidamente a esta nueva era. Los autodidactas saben que la riqueza mental es portátil, que no tiene muros ni fronteras y es una compañera fiel en los momentos de crisis.

En el futuro inmediato, quien solucione problemas con eficiencia y produzca valor y experiencias, podrá competir en las grandes ligas de la economía. Esto nos lleva a comprender que no existen rivales chicos, así sea un pequeño emprendedor, una empresa que nadie conoce o un asalariado que trabaja en una oficina.

Con esto no quiero decir que las escuelas o las universidades no tengan valor. Lo tienen, y mucho, pero si aspiras a grandes logros también tendrás que educarte por tu cuenta. En este sentido, seguramente te habrás enterado de que muchas personas que vivieron con abundancia y éxito no tuvieron títulos universitarios. Te comparto algunos nombres:

- Henry Ford, reconocido fundador de Ford Motors Company. Todo un legado.

- Walt Disney, quien abandonó los estudios a los 16 años, pero actualmente la compañía que lleva su nombre genera ingresos del orden de los 35 billones de dólares.

- Steve Jobs, fundador de Apple, quien dejó sus estudios después de cursar un solo semestre universitario.

- Bill Gates abandonó la universidad y al poco tiempo se convirtió en uno de los hombres más ricos del mundo con su empresa Microsoft, que ingresa 51 billones de dólares al año.

- Mark Zuckerberg, creador de Facebook, no terminó sus estudios en Harvard.

- Tiger Woods, el afamado golfista, se convirtió en el mejor pagado de la historia de ese deporte.

¿Qué perfil presentan los autodidactas del siglo XXI? Son personas que encuentran mucho placer en aprender por su cuenta, no se quedan con lo que les dicen, se hacen múltiples preguntas de cualquier orden y lo cuestionan todo. Además, poseen una mente abierta y sin prejuicios; si otra persona llega con una idea diferente, la escuchan sin cerrarse. Tienen claros sus objetivos, presentan una gran automotivación y, gracias a que planean su éxito, saben dónde están parados y cuál es la mejor ruta para llegar del punto A al punto B.

Si te levantas por las mañanas diciendo: "Pues veremos qué nos depara el destino hoy", ten por seguro que ese no es el camino. Creas tu vida desde que te levantas, así que haz que las cosas sucedan con optimismo y perseverancia. Si quieres abundancia económica, pero no tienes claro qué es lo que deseas ni tienes un mapa escrito, será más fácil que te extravíes en el día a día.

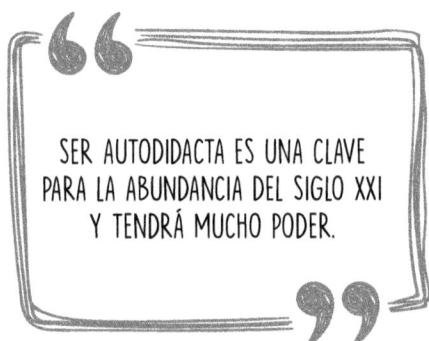

> **SER AUTODIDACTA ES UNA CLAVE PARA LA ABUNDANCIA DEL SIGLO XXI Y TENDRÁ MUCHO PODER.**

CREA HÁBITOS MILLONARIOS

Los hábitos son tan poderosos que pueden cambiar nuestras vidas para bien. Pero también pueden destruirlas. Los hábitos millonarios requieren un profundo convencimiento, que no te engañes a ti mismo y que constantemente pases a la acción, a fin de convertirte en esa persona extraordinaria que siempre soñaste ser. Con esto también me refiero a las actividades de valor que cultivas a diario, ya que son la base de la persona que serás en un futuro cada vez más cercano.

La práctica diaria es la que crea el hábito en la persona. Por ejemplo, si quieres destacar como deportista, debes entrenar con frecuencia, alimentarte sanamente, descansar bien y no consumir sustancias que dañen tu cuerpo. Lo mismo sucede con las personas que aspiran a grandes cosas: tienen metas y objetivos muy claros y van descubriendo qué actividades tienen que realizar para conseguir lo que quieren en la vida. A continuación, te detallo los principales hábitos de las personas que construyen su abundancia, para que puedas aplicarlos.

SI APRENDES A APRENDER TE ADAPTARÁS RÁPIDAMENTE A ESTA NUEVA ERA.

- INVIERTEN EN ELLOS MISMOS Y EN SU DESARROLLO PERSONAL. Es decir, se ocupan de su proceso de transformación, buscan cambiar sus creencias y practican nuevos comportamientos y aptitudes para mejorar su calidad de vida. Las sesiones de coaching personal ayudan bastante en este proceso.

- EDIFICAN UN SISTEMA INMUNOLÓGICO FINANCIERO FUERTE, PORQUE NUTREN SU MENTE. Es como si

CREAS TU VIDA
DESDE QUE
TE LEVANTAS,
ASÍ QUE HAZ
QUE LAS COSAS
SUCEDAN
CON OPTIMISMO
Y PERSEVERANCIA.

tuvieran defensas naturales contra los problemas financieros. No caen tan fácil en tentaciones que pongan en riesgo su economía, como gastar compulsivamente, gracias a su educación financiera. De esta manera han nutrido su mente.

- **DESARROLLAN SUS TALENTOS.** Por eso son creativos a la hora de generar oportunidades.

- **ESTIMULAN UN LENGUAJE DE ABUNDANCIA.** Esto incluye los pensamientos positivos, sin hacer caso a ninguna voz negativa que quiera sabotearlos.

- **SE PREPARAN PARA MANEJAR GRANDES SUMAS DE DINERO.** Han aprendido cómo manejar la energía que se desprende del mismo. De entrada, esa energía es esencial para la circulación de la riqueza y proviene del valor que la humanidad le da y de lo que podemos adquirir con el dinero. Hay que entender que solo es papel moneda y que es una herramienta. En el fondo, tú eres más grande. Sin embargo, debemos vigilar nuestros pensamientos cuando tenemos dinero, porque puedes hacer de tu vida un paraíso o un infierno. La energía del dinero se trata con respeto, admiración, amor y bienvenida.

- **SON COLECCIONISTAS DE ACTIVOS.** Generan un flujo de efectivo para que el dinero trabaje para ellos. Por ejemplo, el cobro de alquiler de una casa, bodegas, departamentos, locales comerciales, etc.

- **APROVECHAN EL ESFUERZO COLECTIVO.** Por ejemplo, detrás del libro que tienes en tus manos hay un equipo de apoyo que ve la edición, el diseño y otros detalles importantes. Cuando todos los involucrados suman su esfuerzo, el impacto es mayor. El esfuerzo colectivo siempre rebasará el 100 % de mi propio esfuerzo. Si entiendes esto, podrás aprovechar la sabiduría de las personas y dar un gran beneficio a tus negocios. El sistema fluye y, al final, obtienes un resultado de mayor calidad.

- **DESARROLLAN UN PRESUPUESTO.** Lo ven como una herramienta para ganar dinero.

- **AHORRAN E INVIERTEN.** Saben cómo correr riesgos calculados. Cuando las condiciones son inciertas, es necesario valorar las consecuencias y planificar los resultados esperados, a fin de tomar las mejores decisiones y minimizar los riesgos. También es necesario reunir la mayor cantidad de información posible y estimular un debate sano en tu equipo.

- **SE RODEAN DE PERSONAS CON MENTALIDAD MILLONARIA E INTERACTÚAN CON ELLOS.** Resulta esencial estar vinculado con personas que persigan objetivos parecidos y cuenten con una mente positiva.

LA ENERGÍA DEL DINERO SE TRATA CON RESPETO, ADMIRACIÓN, AMOR Y BIENVENIDA.

Una de las claves para tener abundancia es formar un círculo de apoyo, lo cual consiste en conocer a personas nuevas y fomentar las buenas relaciones, procurando tener conversaciones productivas que nutran tu mente y enriquezcan tus capacidades. Puedes organizar un grupo de este tipo o investigar si hay algún club de lectura en tu comunidad o por internet. En las ferias de emprendimiento se hacen buenas amistades y contactos. En casa puedes organizar el día de la "mentalidad millonaria" con personas con intereses afines a los tuyos, para intercambiar material, libros, películas y hablar de temas de su agrado. Estas reuniones suelen ser muy provechosas, solo hay que tener compromiso y voluntad de querer un cambio radical en tu vida. Así como muchos se juntan para ver fútbol, te puedes reunir para modificar tu mentalidad e intercambiar ideas. Es algo sumamente poderoso.

> CONSTRUIR UNA RIQUEZA GENERACIONAL REQUIERE DE BUENOS HÁBITOS MILLONARIOS Y DE UN ECOSISTEMA EN EXPANSIÓN.

ARMA SISTEMAS

La creación de sistemas comienza con planear, organizar, dirigir y controlar todas las partes y procesos que intervienen en el cumplimiento y buen funcionamiento de los objetivos de cualquier organización. Es como nuestro cuerpo: es un gran sistema y al mismo tiempo cada órgano es independiente y cumple una función, sin dejar de estar íntimamente relacionado con otros órganos. Si tu riñón no está en óptimas condiciones, afectará tu sistema (cuerpo), no trabajará al 100 % ni será eficiente.

Si en tu organización cuentas con manuales para cada departamento y, además, incluyen los roles y las responsabilidades de cada unidad administrativa, habrás sentado las bases para el buen funcionamiento del sistema de tu empresa. Como te habrás percatado, sirven como guías y lineamientos para que todo fluya de la mejor manera posible.

Muchas personas cometen el error de no tener por escrito los roles, funciones y la finalidad de cada departamento de su empresa. Luego, cuando llegan las personas, no saben para qué están ahí, ni tampoco tienen claros cuáles son sus objetivos. Así se origina el desorden, la gente comienza a echar culpas y evadir responsabilidades, y todo esto suele causar la caída de miles de empresas y emprendimientos. Puedes implementar estos manuales a nivel operativo o incluso directivo, ya que entre más específicos sean, mejores serán los resultados. Si eres un empresario o futuro emprendedor, siempre piensa que la creación de sistemas se parece a tu cuerpo, pues cada parte y órgano cumplen un papel que te permite funcionar perfectamente. Esta imagen llévala a tus negocios y lograrás grandes cosas. Todo tiene un orden y es algo que puedes comprobar en la naturaleza misma.

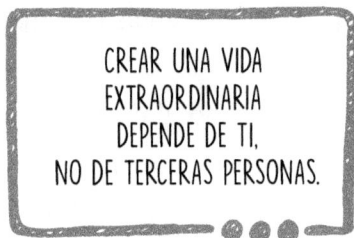

> CREAR UNA VIDA
> EXTRAORDINARIA
> DEPENDE DE TI,
> NO DE TERCERAS PERSONAS.

UNA HISTORIA PARA CONTAR

A mis 20 años me encontraba en la ciudad de Des Moines, Iowa, en los Estados Unidos. Trabajaba en un club privado de clase alta, donde los socios asistían a eventos y reuniones. Yo era el ayudante del barman.

Estos fueron mis inicios en el mundo laboral mientras decidía qué carrera estudiar y maduraba qué iba hacer con mi vida. Recuerdo con entusiasmo como cada noche escuchaba las grandes historias de aquellos hombres de negocios, unos ya retirados y otros desarrollando grandes proyectos.

En el piso 31, donde se encontraba el club, se podía ver la ciudad llena de nieve en su máximo esplendor, gracias a los enormes ventanales de piso a techo que decoraban aquel majestuoso lugar. Además, se respiraba un ambiente agradable por la música de jazz que con frecuencia se tocaba para aquellos hombres vestidos con esmoquin.

Una noche, un hombre de unos 60 años se sentó en la barra del lugar. Me saludó muy amablemente y respondí a su saludo diciéndole: "¿Está usted bien? ¿Le puedo ayudar en algo?". Y me contestó: "Estoy muy bien, es simplemente que he estado reflexionando cuán afortunado he sido en la vida, tengo mucho más de lo que necesito y creo que es el momento de retirarme de mis negocios, pues me he dedicado por muchos años a los desarrollos inmobiliarios con gran éxito".

Me quedé en silencio un rato para no interrumpir aquellos pensamientos, pero como joven intrépido, me ganó la curiosidad y no podía desaprovechar la ocasión para hacerle algunas preguntas.

El salón ya estaba vacío y era el momento adecuado. Así que inquirí: "¿A qué le atribuye su éxito?". Él me respondió: "A la creación de sistemas. Tienes que hacer que cada parte de tu negocio trabaje de manera automática y con las herramientas adecuadas para que el sistema no se estanque. Si tú, por ejemplo, estás de vacaciones, el sistema debe estar corriendo de forma natural, llevando dinero a tus bolsillos. Las personas deben dejar de pensar en hacer un millón de dólares y comenzar a pensar en ayudar a un millón de personas, ya que eso es lo que les dará el dinero".

Como joven inexperto, no entendí sus palabras, pero siempre resonaron en mí y las mantuve presentes. Días después de aquella plática, me enteré, gracias al chef del lugar, que el hombre era un gran millonario de la zona y que era el dueño del edificio donde se encontraba el club.

Pasaron los años, y en mi carrera como administrador de empresas y consultor de negocios estudié todo lo relacionado con los sistemas y el buen manejo de un proceso administrativo (planeación, organización, dirección y control), que son los pilares fundamentales para el óptimo manejo de las empresas.

También me di cuenta, gracias a haberme rodeado de gente más inteligente que yo, que las personas de éxito tienen una visión a largo plazo, lo cual les permite tener sistemas más maduros y equilibrados en el tiempo. Si un inversionista, por ejemplo, compra una porción de tierra para un proyecto inmobiliario, no busca conseguir de inmediato grandes rendimientos, aunque los vaya ganando desde la compra. Sabe que los ingresos residuales (los que reportan un flujo continuo de ganancias por el trabajo bien realizado una sola vez) vendrán con el tiempo de manera sistemática y la plusvalía de la zona (el aumento del valor natural del inmueble) jugará a su favor.

Rodéate de personas con mentalidad millonaria y aprenderás de su sabiduría para manejar y multiplicar el dinero.

GENERA ABUNDANCIA

Realiza los siguientes ejercicios para que practiques cómo generar sistemas.

1. **En una hoja, describe la misión y la visión de tu empresa o de tu persona.**

   La misión es la razón de ser de tu empresa o emprendimiento, y la visión es cómo se verá tu organización dentro de tres o cinco años. Es fundamental esta descripción para crear buenos sistemas administrativos.

2. **Desarrolla y escribe la función de cada departamento o unidad de tu empresa, asígnale una meta y un objetivo.**

   Después desarrolla los roles y funciones de cada persona dentro de esa unidad, así como sus metas y objetivos a cumplir. Estos deben ser claros, medibles y cuantificables.

CONTAR CON UNA VISIÓN CLARA DE TU EMPRESA Y DE TU PERSONA, SUSTENTADA EN LA PLANIFICACIÓN DE TU ÉXITO, TE DARÁ LAS BASES PARA CREAR GRANDES CORPORATIVOS. NO SOLO PARA ACUMULAR, SINO PARA CREAR UN LEGADO CON PROPÓSITO. Y SI ERES UN ASALARIADO, ENTONCES TE DARÁ LAS BASES PARA SER EL MEJOR EN LO QUE HACES.

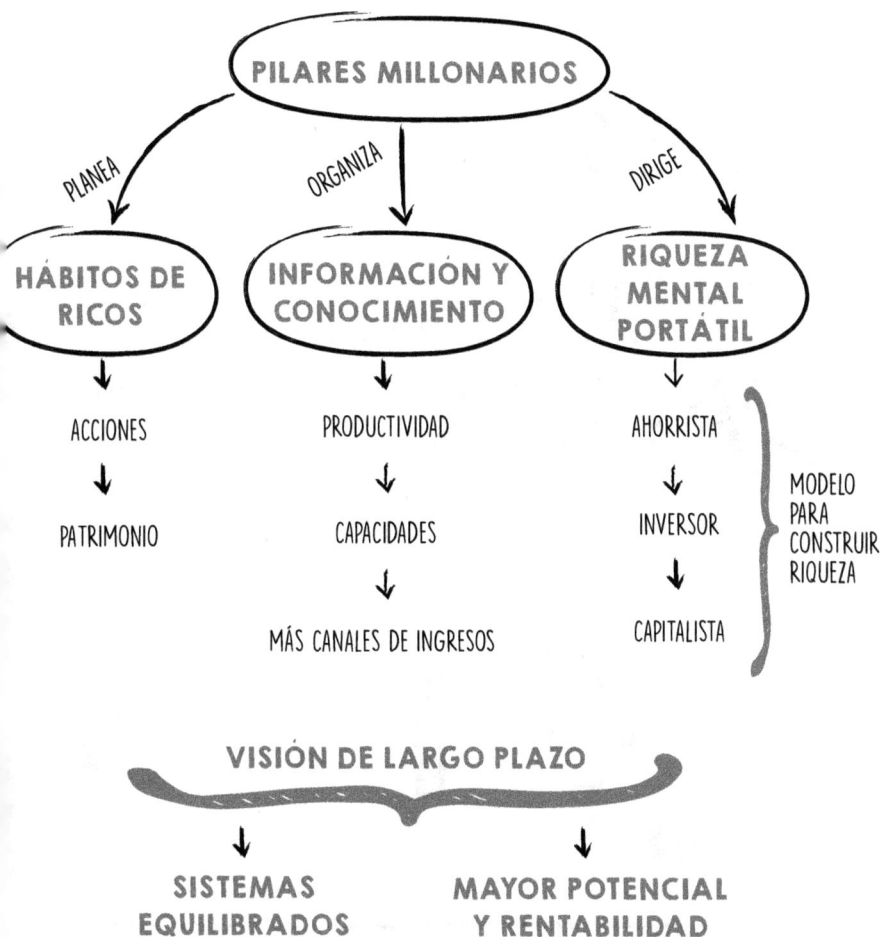

EN RESUMEN

PILARES MILLONARIOS

PLANEA → **HÁBITOS DE RICOS**

ORGANIZA → **INFORMACIÓN Y CONOCIMIENTO**

DIRIGE → **RIQUEZA MENTAL PORTÁTIL**

HÁBITOS DE RICOS
↓
ACCIONES
↓
PATRIMONIO

INFORMACIÓN Y CONOCIMIENTO
↓
PRODUCTIVIDAD
↓
CAPACIDADES
↓
MÁS CANALES DE INGRESOS

RIQUEZA MENTAL PORTÁTIL
↓
AHORRISTA
↓
INVERSOR
↓
CAPITALISTA

MODELO PARA CONSTRUIR RIQUEZA

VISIÓN DE LARGO PLAZO
↓
SISTEMAS EQUILIBRADOS

↓
MAYOR POTENCIAL Y RENTABILIDAD

CAPÍTULO 9

PROSPERIDAD EN PAREJA

1 + 1 ⇒⇒

EL DINERO EN PAREJA ES UN TEMA MUCHO MÁS IMPORTANTE DE LO QUE PENSAMOS. DESDE EL NOVIAZGO, MUCHAS PAREJAS SE LIMITAN A CONVERSAR DEL TEMA ÚNICAMENTE DE MANERA SUPERFICIAL, O BIEN, SENCILLAMENTE NO OCURRE ESTA PLÁTICA. EN ESTE SENTIDO, LA PARTE CULTURAL JUEGA UN PAPEL FUNDAMENTAL, YA QUE DEBIDO A LA ESTRUCTURA TRADICIONAL DE ROLES, EN EL HOMBRE RECAE LA MAYOR RESPONSABILIDAD PARA LLEVAR EL SUSTENTO. SIN EMBARGO, LA GRAN PARTICIPACIÓN DE LA MUJER EN LA VIDA ECONÓMICA HA PROPICIADO QUE ESTO CAMBIE. SI HABLAS CON TU PAREJA DEL TEMA Y LLEGAS A BUENOS ACUERDOS, EVITARÁS PROBLEMAS Y RESENTIMIENTOS FUTUROS RELACIONADOS CON EL DINERO. ESTE NO DEBE SER UN OBSTÁCULO PARA EL AMOR, SINO PARTE DE LA ESTRATEGIA DE PAREJA PARA QUE AMBOS CUMPLAN SUS OBJETIVOS Y METAS MÁS RÁPIDO Y DE MEJOR MANERA. LA CLAVE ESTÁ EN ENCONTRAR ACUERDOS Y, SOBRE TODO, EN PONERSE METAS ALTAS.

TE DARÉ MÁS DETALLES

DIME CÓMO ESTÁN TUS FINANZAS Y TE DIRÉ CÓMO ESTÁ TU PAREJA

¿Alguna vez discutiste con tu compañero o compañera por temas financieros y esto derivó en una crisis? Si tus finanzas en pareja no están en orden, tu relación tampoco lo estará. En mis sesiones de trabajo con parejas, el primer paso es hacerles ver que cada uno viene de familias diferentes y traen un ADN monetario distinto. Es decir, cada quien entiende de manera distinta el dinero. Cuando ambos comprenden esto, es más fácil abrir la conversación para que expongan sus puntos de vista y lleguen a nuevos acuerdos. La parte cultural condiciona cómo se relacionan con el dinero y me da la pauta para conocer y entender mejor a cada persona en dichas sesiones.

Ninguno de los dos debe adjudicarse un rol de poder en el que la otra parte se sienta controlada y sin valor. No porque tú seas quien genera más dinero tienes que asumir el papel del fuerte y dominante, ni quien tiene la última palabra en las decisiones importantes, haciendo sentir menos a la otra parte. Ambos juegan un rol trascendental en la relación, tienen el mismo peso y son parte importante del engranaje económico de su hogar. Si uno trabaja y el otro no, se debe entender que son un equipo, y ambos son importantes y necesarios para construir un vínculo fuerte en el hogar y en las finanzas. Quien se queda en casa, colabora con las actividades hogareñas, las cuales son muy importantes para su estabilidad, mientras que la otra parte lleva un peso fuerte para cumplir las metas financieras, sin que esto sea motivo para que se pierda la individualidad de cada miembro. Tienen que implementar estrategias financieras (plan de retiro, ahorro, inversiones, seguros de vida, fondo de emergencias) para que el dinero se convierta en una herramienta de crecimiento para sus metas en pareja.

Las decisiones económicas deben tomarlas juntos y no deben violentar la estabilidad de la otra parte; es decir, ambos tienen que estar de acuerdo para que cada parte se sienta tranquila y sin resentimientos. Pueden tener un perfil distinto relacionado con el dinero y, quizás, uno sea mejor administrador que el otro, tal vez ninguno de los dos lo sea o, en el mejor de los casos, ambos sean buenos para manejarlo. De ahí la importancia de la comunicación, de tener metas compartidas y de respetar la individualidad de cada parte, además de nutrirse financieramente en conjunto. Ambos pueden asistir a seminarios o talleres de educación financiera, o

SI HABLAS CON TU PAREJA DEL TEMA Y LLEGAS A BUENOS ACUERDOS, EVITARÁS PROBLEMAS Y RESENTIMIENTOS FUTUROS CON EL DINERO.

hacerlo de manera individual, pero es importante que haya un compromiso de las dos partes y buena comunicación. Porque si este diálogo no existe, aumentan las probabilidades de desencadenar problemas por estos motivos.

Las finanzas en pareja son similares a las metas de cualquier empresa. Es necesario desarrollar una misión y una visión, además de objetivos claros y estrategias en conjunto. Y no hablo solamente de un matrimonio, esto aplica también para el noviazgo o si viven juntos sin estar casados. Es más, si no estás en una relación de pareja, te será de gran utilidad para que lo tomes en cuenta cuando sí lo estés.

> LAS PAREJAS QUE HACEN EQUIPO NO PELEAN POR DINERO. LO GENERAN, LO MULTIPLICAN Y LO INVIERTEN JUNTOS.

PAREJAS CON INTELIGENCIA FINANCIERA

Si supieran el poder que tiene una pareja con inteligencia financiera, se la pasarían estudiando y creando las estrategias necesarias para cumplir sus sueños. Cuando tienes una pareja con esta inteligencia, llegan mucho más rápido a conquistar sueños, porque entre los dos se impulsan, apoyan y motivan. A continuación, te comparto algunas claves para que puedan tener un panorama más concreto al respecto.

- Hablen de cuánto dinero y bienes materiales quieren tener juntos. La buena comunicación financiera hace un equipo más fuerte y productivo.

- Expongan cuánto están dispuestos a hacer y a sacrificar para lograr lo que desean. Por ejemplo, si quieren un viaje en crucero, señalen qué cantidad aportarán y por cuánto tiempo, si en lugar de salir a cenar cuatro veces al mes, solamente saldrán una. Es mejor incomodarse un año, que estar incómodos toda una vida.

- Elaboren un presupuesto en pareja para saber en qué gastar, cómo y cuándo es debido hacerlo.

- Tengan un lugar específico para reunir los recibos, pagos o facturas de sus gastos. Entre más ordenados y seccionados, mucho mejor. Así tendrán su presupuesto al día.

• No utilicen al dinero como un instrumento de poder en su relación. Si ganas más que tu pareja, eso no te hace superior.

• Tengan una cuenta compartida y, a su vez, que cada miembro tenga su propio fondo de ahorro para respetar la individualidad de cada persona, así como el derecho de gastar en sus propios gustos como les plazca. Si uno sale a trabajar y el otro no, hay que entender que el que se queda en casa deberá cumplir con las actividades del hogar, y esto también es trabajo. Algunas parejas le dan un valor monetario y remuneran a quien se queda en casa. Lo importante es llegar a acuerdos.

• No dispongan del dinero de la cuenta compartida sin antes consultarlo con su pareja.

• Definan quién llevará la administración o si ambos tendrán la misma injerencia.

• Hablen de cuánto gana cada uno, el aporte que tendrán en cada gasto, con qué contribuirán para el ahorro y sus metas económicas a futuro.

• Programen un par de horas a la semana para hablar exclusivamente del tema financiero. El lugar tiene que ser tranquilo, sin niños, sin terceras personas y en un clima de confianza y complicidad.

- Preparen un fondo de emergencia. Les ayudará a superar los malos momentos económicos y evitará discusiones por los posibles imprevistos. Si alguno se queda sin trabajo, con el fondo tendrán tranquilidad y estabilidad.

- Preparen un plan de ahorro, definan montos y en qué se va a invertir.

- Hablen de qué cosas positivas y negativas tiene el otro en torno al dinero y lleguen a nuevos acuerdos sobre las formas de manejarlo.

- En ninguna circunstancia te refieras a tu pareja con frases descalificativas. Por ejemplo: "Tú no puedes administrar el dinero"; "Eres incapaz de hacer una planilla de gastos"; "No sabes ni cuánto ganas".

Si ambos miembros de la pareja tienen un empleo, será mucho más fácil tener libertad financiera, pero si no es el caso, una buena opción es que quien se quede en casa busque trabajar desde ahí. Si lo hace, tiene que establecer reglas y cumplirlas, como si estuviera en una oficina. Emplearte desde casa no quiere decir que estarás tirado todo el día en la cama. Ponte en actitud creativa y enfoca tus esfuerzos en sacarle provecho a lo que sabes hacer. En mi caso, he generado dinero desde casa con una conexión a internet, dando asesorías por videoconferencia en temas de planeación estratégica, planes de negocios, finanzas personales, entre otros.

Las parejas que dialogan sobre sus finanzas producen dinero y oportunidades todos los días del año, no solamente por una noche o para quedar bien para conquistarte. No importa si tu pareja no tiene dinero en un inicio, lo que importa es que sea mentalmente rica, es decir, que tenga la misma ambición y esté en sintonía contigo, con tus aspiraciones materiales y económicas, porque de esta manera se hará de los recursos y generará lo necesario para construir su hogar. El presupuesto en pareja debe tener flexibilidad; tampoco se debe ver como algo limitativo. Es una gran herramienta para cumplir sus sueños. Es completamente válido, por ejemplo, que cada quien quiera cosas diferentes. Todo se puede, siempre y cuando exista una relación ganar-ganar en la que ambos queden satisfechos. Recuerda que las mentes millonarias saben negociar (y lo hacen muy bien).

> HABLEN DE CUÁNTO GANA CADA UNO, EL APORTE QUE TENDRÁN EN CADA GASTO, CON QUÉ CONTRIBUIRÁN PARA EL AHORRO Y SUS METAS ECONÓMICAS A FUTURO.

UNA PAREJA QUE HACE EQUIPO ES COMO UNA SEMILLA EN TIERRA FÉRTIL QUE DA GRANDES FRUTOS EN LA COSECHA. A UNA PAREJA ASÍ, NO SE LE QUEMA EL DINERO EN LAS MANOS.

EL DINERO: EL TERCERO EN DISCORDIA

Para que pueda existir armonía financiera en tu hogar es necesario tener los canales de comunicación adecuados. La buena comunicación es un pilar clave para alcanzar la libertad financiera en pareja, pues mantiene un entorno de confianza y evita que caigas en la deslealtad financiera. Este concepto quiere decir mentir y ocultar nuestra información financiera a la pareja. En otras palabras, es expresarle verdades a medias respecto a créditos y deudas, no compartir si somos avales para algún tercero, si tomamos dinero para un negocio sin consultarlo y todo cuanto pueda poner en riesgo el patrimonio de la pareja. Ahora bien, en lo que respecta al fondo de ahorro individual, ahí cada uno es responsable de cómo y en qué se gasta su dinero, porque tenemos libertad, y eso se respeta.

A veces la mujer gana más que el hombre y esto constituye un problema para muchos de ellos. Debido a una cuestión cultural que dicta que el hombre debe ser el proveedor, él asume que debe ganar más. Es necesario dejar atrás los prejuicios, además de tener una comunicación abierta y empática, para poder liberarnos del orgullo de nuestros egos. Es difícil que los dos ganen lo mismo y el que uno gane más no tiene por qué ser un impedimento para que

no exista igualdad en la pareja. En mis sesiones con clientes generalmente les digo que el dinero de ambos vale lo mismo y ayuda de igual manera, aunque uno gane menos. El dinero no debería ser un aspecto de competencia, sino de colaboración entre ambos.

En una plática con una clienta me comentó que su esposo se negaba a realizar los ajustes necesarios para mejorar sus finanzas y salir de sus deudas. Ella estaba realmente desesperada por encontrar la solución a su problema, así que le dije que algo que suele funcionar es enfocarse en los beneficios de los ajustes y que convenía señalarle a su esposo el provecho que podría obtener si implementaba los cambios. Si también es tu caso, puedes comentarle a tu pareja, por ejemplo, que podrá comprarse esa prenda u objeto que tanto le gusta, y así mostrará interés.

El dinero suele ser el tercero en discordia y un provocador de muchos problemas, incluso cuando las parejas ya están divorciadas, ya que si hay hijos de por medio, el tema financiero suele causar complicaciones si nunca entablaron una comunicación sana ni de respeto. Para los matrimonios divorciados y con hijos, es muy saludable que tengan acuerdos y reglas respecto al dinero para no crear ansiedad ni culpas en los menores. Los hijos no son mensajeros, tampoco vertederos de información negativa de los padres. Recomiendo mantener líneas de comunicación abiertas sobre el dinero destinado a cubrir los gastos y necesidades de los hijos. Muchos padres tratan de desquitarse con sus exparejas reduciendo la cuota mensual y eso solamente perjudica las cosas. Es mejor que tu hijo sepa que siempre estás ahí apoyando y no limitando su estabilidad emocional. Cuando la pareja se pone de acuerdo financieramente, se vuelve más fuerte. Todos los días, la vida nos obsequia 24 horas para vivir, de ti depende cómo inviertes ese tiempo y de qué forma contribuyes a generar relaciones positivas para estar en armonía. Déjame decirte algo fundamental: si siempre buscas el beneficio colectivo, ya sea para tu familia o pareja, por añadidura obtendrás tu bienestar individual. Dejemos de pelear por dinero. La idea central es no tener siempre la razón, sino vivir una vida increíble con quienes amamos.

> SI SE ROMPE LA CONFIANZA
> Y LA COMUNICACIÓN,
> SE CAE EN LA DESLEALTAD
> FINANCIERA.

UNA HISTORIA PARA CONTAR

Paty y Fernando se casaron muy enamorados. Durante un año planearon su boda. Cada uno tenía por su cuenta sus propios ahorros, gracias a sus respectivas profesiones. El problema llegó cuando comenzaron a vivir juntos. Antes de contraer matrimonio no se habían sentado a hablar de dinero, situación que no tardó en explotar.

Fernando cargaba una deuda importante por un préstamo bancario que obtuvo cinco años atrás para un negocio en el que no tuvo éxito. Paty no lo sabía, por lo que mes a mes sufría un enorme desgaste emocional, ya que de una u otra manera la deuda de él repercutía en la economía de ambos.

A su vez, Fernando no se había percatado del perfil consumista de su esposa. Ella tenía el hábito de visitar sin falta las tiendas de rebajas el día de pago. Muchas de sus compras eran impulsivas y siempre batallaba para cubrir sus cuotas.

En resumen, como la pareja no se había sentado a planear sus finanzas, cuando los gastos llegaron por la nueva hipoteca, los autos de lujo y las vacaciones de verano, todo se fue por la borda. Estaba claro que tenían un descontrol financiero. Las deudas mensuales los consumieron y aunque había mucho amor entre ellos, la relación comenzó a deteriorarse, ya que se encontraban inmersos en un círculo vicioso. Los pleitos finalmente condujeron a la pareja a un lamentable divorcio.

Muchas parejas enamoradas terminan separándose a causa del dinero. El noviazgo a veces es como una luna de miel que no te permite ver la realidad de la vida. ¿Cuántos casos hay de familias que se encontraban bien económicamente, pero cuando de pronto perdieron su sustento debido a un despido, el matrimonio se derrumbó? Nadie tiene asegurado nada en esta vida, pero lo que sirve para disminuir los riesgos que surgen tras un despido o alguna eventualidad futura es percatarte a tiempo de que como pareja pueden desarrollar una mentalidad millonaria.

GENERA ABUNDANCIA

Responde a las siguientes preguntas en pareja y anota las respuestas en tu libreta.

1. **¿Cuántas formas distintas de generar ingresos se les ocurren?**

2. **¿Qué tipo de relación tienen con el dinero como pareja y qué simboliza para ustedes?**
   Por ejemplo, si tienen una relación de apoyo, competencia, indiferencia, complicidad.

3. **¿Cómo se han planteado aprender a gestionar sus ingresos?**
   Por ejemplo, si ambos tienen la disposición de educarse en temas financieros, de tomar talleres de crecimiento en pareja, de aprender a elaborar presupuestos, etc.

4. **¿Cuáles son sus motivaciones y aspiraciones como pareja en el ámbito económico, laboral y familiar?**

5. **¿Sabes cuánto gana tu pareja exactamente?**

6. **¿Cómo se ven en 5 años en lo económico como pareja?**

¿QUIERES CONOCER UN SECRETO?

SI TIENES UNA MUJER O UN HOMBRE
CON MENTALIDAD MILLONARIA A TU LADO,
TIENES ENORMES POSIBILIDADES DE CREAR
TU PROPIO IMPERIO. NADA MÁS GRATIFICANTE
QUE GENERAR ABUNDANCIA JUNTOS,
PUES ES UN SINÓNIMO DE CONFIANZA
Y ESTABILIDAD. QUE TU PAREJA NO SEA
LA PIEDRA QUE NO TE DEJA VOLAR,
SINO QUE SEA LAS ALAS QUE NECESITAS.

EN RESUMEN

TIENEN Y DESARROLLAN UNA COMUNICACIÓN MOTIVADORA

NO TIENEN ROLES DE PODER, AMBOS JUEGAN UN PAPEL IMPORTANTE EN LAS FINANZAS DEL HOGAR

LAS PAREJAS PRÓSPERAS

TIENEN UNA MISIÓN Y VISIÓN CLARA Y EN CONJUNTO

IMPLEMENTAN ESTRATEGIAS FINANCIERAS EN CONJUNTO COMO: PLAN DE RETIRO, PLAN DE AHORRO, PLAN DE INVERSIONES, SEGUROS DE VIDA, FONDO DE EMERGENCIA

NO LE OCULTAN INFORMACIÓN FINANCIERA AL OTRO

CAPÍTULO 10

PATRONES DE CONDUCTA FINANCIERA

HAY JUICIOS DE LA SOCIEDAD QUE NOS LIMITAN,
ASÍ COMO BASTANTE INFORMACIÓN QUE TRAEMOS
EN NUESTRO DISCO DURO MENTAL QUE PUEDE
COARTARNOS. LOS SERES HUMANOS RECIBIMOS
UNA HERENCIA EMOCIONAL Y CULTURAL QUE INFLUYE
EN NUESTROS PENSAMIENTOS RESPECTO A SI PODEMOS
GENERAR RIQUEZA O NO. EN ESTE ASPECTO, ES MUY
PROBABLE QUE NO SOLO ESTEMOS CONDICIONADOS
POR HERENCIAS SOCIALES, SINO QUE TAMBIÉN SEAMOS
UN MOLDE DE LO QUE FUERON NUESTROS PADRES Y
POR ESO REPETIMOS LOS PATRONES DE CONDUCTA
FINANCIERA QUE VIMOS EN ELLOS. ASÍ QUE SI TE
DIJERON QUE ESTABAS DESTINADO A LA POBREZA, ES
POSIBLE QUE TE ESTANQUES EN ELLA SI NO LOGRAS
QUITARTE ESA IDEA DE LA CABEZA. PERO TE TENGO
BUENAS NOTICIAS, YA QUE SI ESTA INFORMACIÓN
HEREDADA NOS JUEGA EN CONTRA, PODEMOS SANAR
LOS BLOQUEOS Y LAS IDEAS LIMITANTES QUE NOS
IMPIDEN REALIZARNOS COMO QUEREMOS.

TE DARÉ MÁS DETALLES

CONOCE TUS HERIDAS FINANCIERAS

Por lo general, no somos verdaderamente conscientes de la manera en la que ganamos, ahorramos, invertimos y gastamos nuestro dinero. Por consiguiente, debemos poner un énfasis especial en la forma en que nos relacionamos con la riqueza. Todos tenemos una relación específica con el dinero. Y así como existen heridas emocionales, también las hay financieras y que nos condicionan. A continuación, te comparto algunas.

- **LA HERIDA LIMITANTE.** Las personas que presentan esta herida se relacionan con el dinero a través del miedo, o bien, muchas veces tienen un sentimiento de culpa al respecto. Huyen de sus responsabilidades financieras y minimizan el dinero porque lo consideran algo mundano.

- **LA HERIDA DE DEPENDENCIA.** Suelen experimentarla quienes tuvieron muchas carencias económicas en su infancia. Por eso tienden a buscar parejas adineradas, porque esto les da un sentido de seguridad a sus vidas. Suelen estar anclados a su pareja y son muy inseguros, ya que consideran que no son capaces de obtener su propia abundancia. La herida de dependencia obliga a estas personas a pedir y a sentirse impotentes y sin salida. Pueden caer en muchos fraudes y engaños.

- **LA HERIDA MASOQUISTA.** Quienes la presentan viven inconvenientes financieros con mucha frecuencia y están decididos a castigarse por ellos. Creen que se merecen esos problemas económicos porque no pueden tener aquellas cosas materiales con las que sueñan. Son personas que suelen evadir impuestos, emitir cheques sin fondo, hacer grandes apuestas y jugar por dinero. Además, no muestran estabilidad financiera ni emocional.

- **LA HERIDA DEL CONTROLADOR.** Suele ser la herida de las personas avaras, ya que no dejan fluir las entradas ni salidas de dinero. Necesitan saber qué va a pasar y son inseguros en temas de inversión, aunque esta sea mínima. Le temen a todo y generalmente no tienen proyectos a futuro ni tienen avances sustanciales en su vida. Son conformistas y libran grandes batallas para ser el centro de atención familiar. Habitualmente provocan problemas financieros relacionados con herencias, por no tomar decisiones oportunas en su momento. Se mantienen en su zona de confort.

- **LA HERIDA RELAJADA.** Las personas con esta herida presentan un exceso de relajación respecto al dinero. Todo lo dan para ayudar a medio mundo. Por lo general les deben, pero no tienen el carácter para cobrarlo. Son muy optimistas y pecan de flexibles. No saben decir que no.

El primer paso para cambiar tus patrones de conducta financiera es identificar estas heridas. El secreto radica en la determinación que tengas para sanar las heridas que reconozcas y las conviertas en las vitaminas que fortalezcan tu progreso financiero. Todos podemos tener buenas relaciones con el dinero y cambiar conductas para crear nuevos hábitos y patrones que se sostengan en el tiempo. Esto es como las adicciones, hasta que no reconozcas que tienes un problema no podrás encontrar el verdadero camino. Puedes sanar, nadie está excluido.

> LUJOS VEMOS, DEUDAS Y HERIDAS FINANCIERAS NO SABEMOS. NO VIVAS CON MIEDOS Y DUDAS, QUE SON COMO JAULAS PARA TU PROGRESO FINANCIERO.

HAZ DINERO CONSCIENTE

El dinero consciente implica conocer cómo ahorras, gastas, inviertes, multiplicas y donas. Cuando sabes a la perfección qué pasa con tu dinero, tomas mejores decisiones. Créeme que hay personas que ignoran lo que les ocurre y en qué se les va lo que tienen, como si se les quemara en las manos. En cambio, el dinero consciente traza el camino hacia la libertad financiera y hace que lo generes con felicidad. Cuando desarrollas un estado monetario con conciencia, deseas tener un mundo mejor y que los demás también aspiren a una vida de abundancia. Ser consciente del dinero te brinda libertad y te da sabiduría, ya que siempre hay que producir riqueza, ahorrar, invertir y saber gastar con inteligencia.

El dinero consciente nos ayuda a lidiar con nuestras batallas económicas y nos permite comprender las heridas financieras que arrastramos. Lo primero que recomiendo para empezar a sanar es realizar una "autobiografía del dinero" o "la primera memoria del dinero". No se trata de otra cosa que de sentarte a reflexionar en algún lugar tranquilo. Escribe en una libreta si tuviste malas experiencias de pequeño con el dinero, si te sentiste explotado sin obtener alguna remuneración, si querías algo en tu infancia y no lo obtuviste, si tuviste que trabajar a temprana edad porque, quizás, alguno de tus progenitores falleció, si fuiste rechazado y te daban muy poco dinero, etc.

El segundo paso es hacer las paces y limpiar tu casa interior. Agradece lo que tienes ahora y no vivas en el pasado ni en el futuro. Muchas personas quieren más y más cosas materiales, pero eso las proyecta al futuro y terminan perdiéndose del presente. Es decir, invierten demasiada energía en lo que no tienen, o bien en sus carencias pasadas. Da gracias por lo que tienes en este momento, sea material, económico o familiar.

El tercer paso es ser generoso, inclusive si en este momento tienes poco. En el fondo, el mensaje que te das es que ya eres abundante y puedes ayudar y servir a los demás. Recordemos que no se puede llegar a la abundancia desde las carencias y las heridas financieras. No se puede ser exitoso si no eres generoso y compartes lo que tienes.

¿Por qué tenemos que hacer este ejercicio interior? Porque el 85 % de las decisiones que tomamos cada día tienen que ver con nuestra cartera. Como es adentro es afuera, y si estás sano internamente, albergas la semilla de la abundancia. Cuando arrastras heridas financieras, primero quieres el fruto. Pero cabe recordar que antes hay que sembrar la semilla y la tierra debe estar lista.

SER CONSCIENTE DEL DINERO TE BRINDA LIBERTAD Y TE DA SABIDURÍA.

> ❝ QUIEN TRABAJA SIGUIENDO SU MISIÓN
> SE VUELVE LIBRE, SABIO Y CONSCIENTE.
> QUIEN PRESENTA UNA BUENA
> RELACIÓN CON EL DINERO
> SE FORJA UN CAMINO DE PROSPERIDAD. ❞

CANCELA TUS DEUDAS

Si no vives de acuerdo con tus ingresos, es decir, si ganas diez, pero gastas veinte, ¿cómo pretendes tener riqueza? Si tus números están en rojo, es momento de que salgas de esta situación con conciencia; de otro modo, solucionarás una deuda y contraerás otra. No te engañes, la única forma de salir del problema es encararlo con coraje y determinación. A continuación, te brindo las pautas para hacerlo de manera consciente.

• Elabora una lista de todas tus deudas. Incluye cada una, de la más pequeña a la más grande.

• Intenta negociar plazos mayores y tasas menores con cada una de ellas. Si es con el banco, cerciórate de tener un convenio por escrito para saber exactamente cuándo y cómo liquidar la deuda. Negocia una reestructuración con mensualidades convenientes, pero no lo dejes a la deriva, ya que esto afectará tu crédito. También está la opción de un descuento en una sola exhibición. Si es con una persona distinta al banco, siempre busca el mejor camino para una buena negociación, pero nunca te cierres y tengas una actitud negativa. Nunca hagas falsas promesas de pago.

- Recuerda revisar tu presupuesto para saber cuál es el monto que podrás pagar mes a mes.

- Reduce tus gastos mientras estés saliendo de los números rojos. Ten en cuenta que no será una situación permanente. Elimina los gastos hormiga, que son aquellos que por muy pequeños que sean y que no detectes de inmediato, en el largo plazo representan una gran fuga para tus finanzas (cigarros, cafés matutinos, comida preparada, etc.).

- Evita las soluciones mágicas. No pidas más dinero prestado. Es mejor que te incomodes y te pongas creativo o que busques más fuentes de ingreso, antes que volver a pedir prestado. No te hundas más.

- Ponte creativo. Obtén ingresos adicionales usando tus capacidades. Por ejemplo, durante algún tiempo, cuando tenía unas horas libres, desarrollaba planes de negocios para emprendedores o empresas que necesitaban obtener recursos o presentar sus proyectos a inversionistas. Es algo que me apasiona y se remunera muy bien.

- Determina cómo será tu nueva relación con el dinero. Puedes hacer "mi nueva relación con el dinero", que es una especie de ruta hacia la prosperidad en la que vas a escribir una serie de frases en una cartulina. Cuando esté lista, la puedes poner en tu oficina o habitación, para que la veas todos los días y reflexiones cinco minutos sobre su contenido. Te comparto algunas frases de ejemplo:

    a. Me permito vivir en abundancia. El dinero nunca me faltará, ya que proviene de una fuente ilimitada.

    b. Soy valorado(a), creativo(a), reconocido(a) y, por tanto, me siento con capacidad absoluta para crear prosperidad para mi familia.

    c. No quiero migajas ni miradas piadosas. Ante todo, soy una persona valiente, capaz de crear mis propios recursos apoyándome en mis talentos.

- Usa únicamente dinero en efectivo. Asígnate un monto en efectivo para gastar al mes y respétalo. De esta manera evitarás caer en la tentación de pasar despreocupadamente tus tarjetas de crédito.

SI NO VIVES DE ACUERDO CON TUS INGRESOS, ES DECIR, SI GANAS 10, PERO GASTAS 20, ¿CÓMO PRETENDES TENER RIQUEZA?

Pagar en efectivo tiene un impacto psicológico, ya que sientes que gastas más dinero, por lo que te contendrás.

- Paga a tiempo. Entre más te demores en pagar, más intereses acumularás. Puede que incluso llegues a un punto en el que tu deuda se vuelva impagable.

Si pones atención a estas pautas, podrás liberarte de tus deudas y entregar esa energía a las personas o instituciones a las que les debes. Al final del día, una deuda es una energía que no es tuya. Recuerda que estamos hechos para la grandeza y necesitas estar libre de deudas para vivir con plenitud. En efecto, el dinero no compra la felicidad, pero sí el tiempo para vivir y hacer lo que amas. Además, te permite pagarles a otros por aquello en lo que no eres bueno.

INCREMENTA TUS CONOCIMIENTOS SOBRE FINANZAS, PUES ESTO NUNCA TERMINA, YA QUE ES UN ESTILO DE VIDA.

UNA HISTORIA PARA CONTAR

Recuerdo que en mi infancia tenía un poco de todo. En casa veía que el dinero fluía de una manera natural por la actividad que mi padre realizaba: era dueño de una casa de cambio y de divisas junto con un hermano mayor. Hoy entiendo que mi padre era un gran generador de riqueza, ya que poseía los principios elementales del manejo del dinero: reservaba una parte de sus ingresos, los registraba junto con sus egresos, invertía con sabiduría y en negocios lícitos, era prudente, etc. Recuerdo que cuando llegaba de sus actividades, tomaba lápiz y papel para reflejar las operaciones financieras del día y hacía sus cuentas. En aquella época no existían las hojas de cálculo ni alguna tecnología que facilitara el trabajo, por lo que se esmeraba al registrar sus movimientos monetarios. Sin embargo, tenía un problema profundo. A pesar de que fluía el dinero, mi padre no era capaz de retenerlo ni multiplicarlo como se debía. Su ADN monetario era muy particular. Mi padre pensaba que el dinero echaba a perder a las personas. Incluso a veces lo escuchaba decir: "¿Para qué quiero más dinero, si así estoy bien y es suficiente con lo que tengo?". Su relación con el dinero era limitante.

Lo peor de todo es que yo estaba repitiendo el mismo patrón heredado de él. En el ramo inmobiliario, en el que se generan buenas ganancias y comisiones por los proyectos, lograba riqueza, pero no conseguía retenerla. Simplemente botaba el dinero, igual que hizo mi padre durante su vida, debido a patrones de conducta adquiridos de manera inconsciente. Pero luego de que me dediqué a estudiar y aprender la sabiduría del dinero, pude revertir mi ADN monetario y pude generar abundancia y multiplicarla.

El dinero no echa a perder a nadie como pensaba mi padre. Somos nosotros quienes cambiamos, según cómo estemos programados. El dinero tampoco discrimina a nadie, por lo que todos tenemos las mismas oportunidades de adquirirlo. Te invito a que analices cómo está tu ADN familiar relacionado con el dinero, a fin de que seas consciente de tu programación y de cómo influye en la forma en la que ganas, ahorras, inviertes y gastas.

GENERA ABUNDANCIA

A continuación, te dejo algunas preguntas para que las contestes en tu libreta.

1. ¿Con qué tipo de herida financiera te identificas y por qué?

2. ¿Cuánto ahorras mensualmente y en qué piensas destinarlo?

3. ¿Cuál es tu principal motivación en este momento?

4. ¿Gastas por impulso o lo haces con prudencia?

5. ¿Pagas tus deudas, intentas pagarlas o simplemente no te importa y sigues adelante?

¿QUIERES CONOCER UN SECRETO?

LAS CRISIS PUEDEN GENERAR NUEVOS MILLONARIOS. MANTENTE ATENTO Y SÁCALES PROVECHO, YA QUE NOS CONDUCEN A UN ESTADO DE CONCIENCIA SUPERIOR Y DESPIERTAN EN NOSOTROS MAYOR ATENCIÓN Y PERFECCIÓN ECONÓMICA. ES DECIR, FACILITAN UN CAMBIO EN NUESTRO SISTEMA FINANCIERO PERSONAL, PORQUE NOS OBLIGAN A REFLEXIONAR, EVALUARNOS Y DESARROLLAR UNA NUEVA ACTITUD HACIA NUESTRAS FINANZAS.

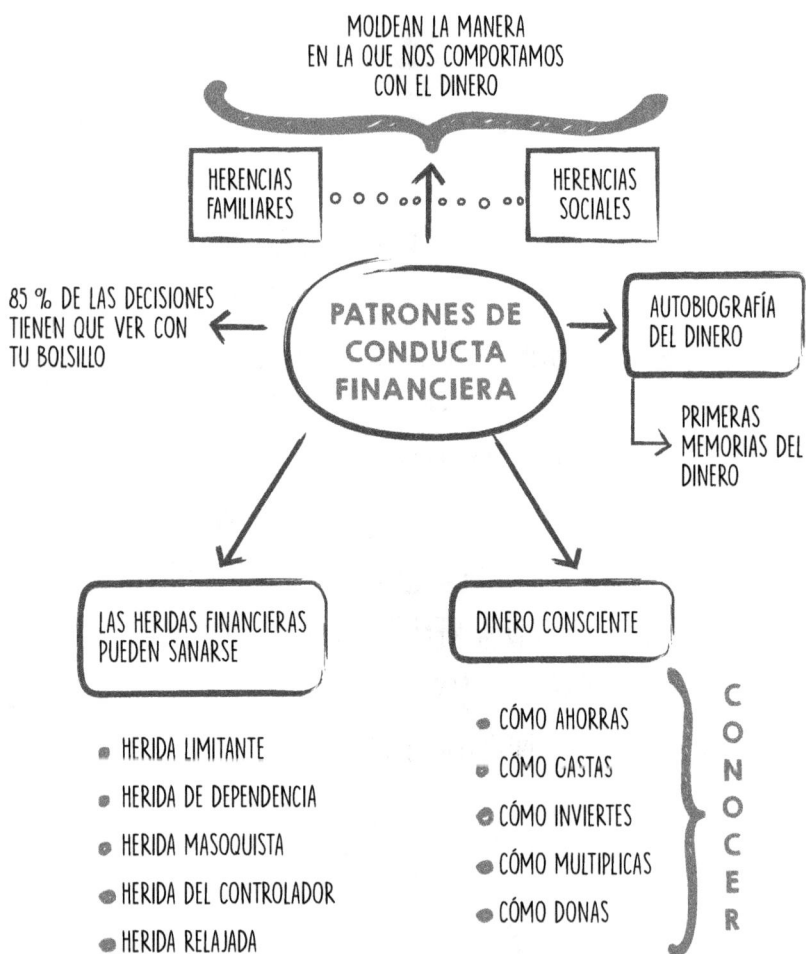

EN RESUMEN

MOLDEAN LA MANERA
EN LA QUE NOS COMPORTAMOS
CON EL DINERO

HERENCIAS
FAMILIARES

HERENCIAS
SOCIALES

85 % DE LAS DECISIONES
TIENEN QUE VER CON
TU BOLSILLO

**PATRONES DE
CONDUCTA
FINANCIERA**

AUTOBIOGRAFÍA
DEL DINERO

PRIMERAS
MEMORIAS DEL
DINERO

LAS HERIDAS FINANCIERAS
PUEDEN SANARSE

- HERIDA LIMITANTE
- HERIDA DE DEPENDENCIA
- HERIDA MASOQUISTA
- HERIDA DEL CONTROLADOR
- HERIDA RELAJADA

DINERO CONSCIENTE

- CÓMO AHORRAS
- CÓMO GASTAS
- CÓMO INVIERTES
- CÓMO MULTIPLICAS
- CÓMO DONAS

CONOCER

CAPÍTULO 11

LAS MÁXIMAS DE LA MENTE MILLONARIA

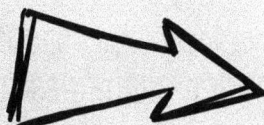

LOS PRINCIPIOS ELEMENTALES DE UNA MENTE MILLONARIA NO CAMBIAN; RESUENAN Y PERMANECEN VIGENTES A TRAVÉS DEL TIEMPO COMO FINAS MELODÍAS, SIN IMPORTAR LOS INCONVENIENTES QUE SE PRESENTEN. CUANDO TE SIENTAS PERDIDO, VEN A ESTA SECCIÓN Y NO OLVIDES ESTE RESUMEN DE LO APRENDIDO. LAS PERSONAS CON MENTALIDAD MILLONARIA VIBRAN CON UN TONO DIFERENTE. TIENEN UNA ACTITUD MILLONARIA A CADA MOMENTO, LA CUAL SE CONTAGIA. LA DIFERENCIA ENTRE UNA MENTALIDAD DE ESCASEZ Y UNA MILLONARIA RADICA PRINCIPALMENTE EN CÓMO CADA PERSONA ADMINISTRA Y GESTIONA SUS ESTADOS EMOCIONALES. LA MENTALIDAD MILLONARIA NO TIENE TIEMPO PARA CRITICAR, AL CONTRARIO, SON MUY CRITICADOS PORQUE NO PIENSAN COMO EL PROMEDIO DE LA GENTE Y ESO LES MOLESTA A MUCHOS. UNA MENTE MILLONARIA ES LA PRIMERA OPCIÓN EN EL MERCADO Y SU ÉXITO SE BASA EN AYUDAR A LOS DEMÁS. POSEERLA SERÁ LA HABILIDAD MÁS PRECIADA DEL SIGLO XXI.

TE DARÉ MÁS DETALLES

PROGRAMA TU MENTE MILLONARIA

Esta mentalidad no es algo pasajero y momentáneo, sino un estilo de vida al cual debemos aspirar los seres humanos. Quienes la desarrollan llevan en sí mismos un tesoro de gran valor para el mundo, pues les permite transformarse en personas de alto rendimiento. Y en este sentido, hay ciertas máximas que debes tener presentes para fomentarlas a diario. Te las comparto a continuación.

I. PIENSA EN GRANDE. Tu vida y tu entorno pueden ser un paraíso o un infierno, pero depende de lo que te digas a ti mismo al respecto.

> **¿CÓMO LO HAGO?**
>
> Sueña con lo mejor que podría pasar. Puedes edificarte una vida grandiosa con tus pensamientos, lo único que tienes que hacer es siempre pensar en grande. Porque solo si crees en ti mismo conquistarás el éxito, el amor, la familia, las amistades o lo que sea que quieras. Créelo.

2. FIJA CON CLARIDAD HACIA QUÉ LUGAR QUIERES LLEGAR. Mantén esta meta y enfoca tu mente con ahínco en ella, a pesar de la falta de energía o de las adversidades.

¿CÓMO LO HAGO?

Toma una foto mental de cómo te quieres ver. La mejor manera de hacerlo es durante las noches, acostado en la cama. Siéntete importante, visualízate realizado e imagínate logrando aquello que deseas.

3. EVITA PENSAR Y DECIR FRASES NEGATIVAS. Estas incluyen: "Es un sueño que no podré cumplir"; "Soy un fracasado"; "El proyecto me queda grande"; "No hay oportunidades para mí"; etc.

¿CÓMO LO HAGO?

Cambia tu lenguaje corporal y verifica si tienes una postura cerrada o un rostro duro. Sonríe y corrige lo que transmites con el cuerpo. Procura darte cinco minutos de calma al día para que puedas aquietar tus emociones de todo el ruido exterior y controlar mejor tus pensamientos negativos. Sé receptivo y explora tus emociones mediante la buena creatividad, ya que es otra excelente salida a tus pensamientos negativos. También puedes dar un paseo o ir al gimnasio.

4. NO TE AMEDRENTES ANTE NADA. La derrota no existe, solo es un estado mental.

¿CÓMO LO HAGO?

No abandones la lucha cada vez que las cosas se pongan difíciles. Deja de poner excusas y de victimizarte. Una forma que ayuda mucho a dejar de ser víctimas es considerar que el mundo no te debe nada y dejar de pensar que la vida conspira contra ti. No te lo tomes personal. Puedes formar el mundo que quieras. No le hagas caso a tu voz interior negativa. En cambio, una actitud proactiva te permite tener un mejor control que una actitud reactiva, que te vuelve más vulnerable y te conduce a tomar decisiones tardías.

5. FOMENTA EL PENSAMIENTO DISRUPTIVO. La nueva economía digital demanda este tipo de pensamiento, que rompe con los estereotipos o las etiquetas que has venido cargando.

¿CÓMO LO HAGO?

Para propiciar este tipo de pensamiento es necesario que lo cuestiones todo y no des nada por sentado. Las alianzas y la colaboración también lo facilitan. Crear pequeños grupos de intercambio puede ser el detonador que haga grande a tu empresa y emprendimiento, o te servirán para desarrollarte personalmente. La suma, colaboración e intercambio de ideas te generarán un sistema más inteligente y potente. Fomenta un debate sano y creativo de manera frecuente en casa, la oficina o la empresa.

6. **INVIERTE EN TU DESARROLLO.** No escatimes en invertir en ti. Las personas que obtienen buenos resultados han aprendido de diferentes maneras y tú no debes ser la excepción.

¿CÓMO LO HAGO?

Toma cursos para aprender una actividad que te interese, asiste a conferencias sobre temas de desarrollo personal, motivación, liderazgo, etc.

7. DEJA DE LADO LO QUE OPINEN LOS DEMÁS.

Preocuparse por el qué dirán es un error recurrente. A las grandes ideas no las juzgan las personas, sino el tiempo y los resultados.

¿CÓMO LO HAGO?

Vuélvete más seguro y acéptate como eres, porque tienes tus propias fortalezas y sueños. Elabora una lista de lo que te gusta de ti como persona, y otra, de las cosas que te gustaría mejorar, pensando en sus beneficios. Otro punto importante es dejar de cuestionarte cada paso que das y de suponer que todos te juzgan. También deja de complacer a los demás y de fingir que estás de acuerdo solo para tratar de encajar. Eres único y valioso.

8. CREA LAS OPORTUNIDADES.
El éxito que obtengas dependerá única y exclusivamente de ti y de que te pongas en movimiento. Así que haz que suceda. Si no se te dan las oportunidades, tú deberás crearlas para ti.

¿CÓMO LO HAGO?

Ayuda a los demás sin que te lo pidan, porque todos tenemos problemas y necesidades. Quizás ahí encuentres alguna propuesta, uno nunca sabe; el caso es que primero es necesario plantar la semilla. Contacta y conoce a algún extraño, porque son ellos quienes tienen tu dinero. Todos estamos rodeados de extraños en quienes podemos influir y a quienes podemos ayudarles a resolver sus asuntos. Conoce tus objetivos e identifica tus cualidades y capacidades. Las oportunidades también están dentro de ti.

9. SONRÍE. La imaginación y la sonrisa consiguen más dinero que muchos agentes de ventas con experiencia.

¿CÓMO LO HAGO?

Piensa siempre en esto: todo problema o situación, por más fea que sea, "siempre pasa". Si te sientes triste, abre la llave para que las lágrimas salgan. Nunca reprimas tus emociones, porque en algún momento te cobrarán factura. Tu paz interior no es negociable. Es mejor sonreír.

10. APRENDE DE LOS DEMÁS. Tocar fondo no es malo, lo malo es quedarte ahí. La vida siempre te tiende la mano y depende de ti tomarla.

> **¿CÓMO LO HAGO?**
>
> Busca a personas exitosas y notarás que la gran mayoría también tocaron fondo alguna vez. Habla al menos con tres de ellas, conoce sus historias de vida y cómo lograron resultados.

CAPÍTULO 12

LINEAMIENTOS PRÁCTICOS PARA TUS FINANZAS

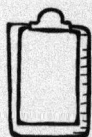

ME DA MUCHO GUSTO DE QUE HAYAS LLEGADO AL FINAL
DE ESTE PROCESO. EN ESTE CAPÍTULO ENCONTRARÁS
ALGUNOS MÉTODOS Y FORMAS QUE TE SERÁN DE GRAN
AYUDA EN TU VIDA FINANCIERA. LAS BUENAS FINANZAS
Y EL CAMBIO DE MENTALIDAD SON UN ESTILO DE
VIDA Y UN PROCESO QUE REQUIERE PRÁCTICA DIARIA.
BASTA CON QUE CAMBIES TUS HÁBITOS Y TU MANERA
DE PENSAR PARA OBTENER GRANDES BENEFICIOS. NO
OLVIDES QUE NO IMPORTA QUIÉN ERES O EL HISTORIAL
QUE TRAES CONTIGO, SI TIENES MUCHO O POCO DINERO,
EL PUNTO ES QUE UNA MENTALIDAD MILLONARIA LA
PUEDE ADQUIRIR CUALQUIERA. SIEMPRE PON LO MEJOR
DE TI EN CADA ACTIVIDAD QUE REALICES. QUIERO QUE
CONSTRUYAS TU PROPIO IMPERIO Y QUE DE TUS MANOS
SALGAN COSAS BUENAS. SI HACES FORTUNA CON TU
PROPÓSITO, PONLA AL SERVICIO DE LOS DEMÁS. ERES
PERFECTO Y TU VIDA ES EL PRINCIPAL PROYECTO QUE
TIENES QUE ALIMENTAR HOY Y SIEMPRE.

TE DARÉ MÁS
DETALLES

EL AHORRO
ES EL COMBUSTIBLE

Alguna vez, mi abuelo me dijo: "El ahorro es el combustible, el vehículo eres tú y la inversión es la carretera directa y rápida a la ciudad de los sueños". El problema radica en que las personas creen que el ahorro limita y restringe, pero es un excelente aliado, ya que forja la disciplina, la voluntad y el carácter; elementos que necesitarás para la economía de esta nueva era, donde se está perdiendo la paciencia y solo se busca la gratificación inmediata.

Combustible, vehículo y carretera son elementos primordiales, pero a ellos les sumo otro pilar fundamental: "pensamiento millonario escalable", el cual consiste en ver un ecosistema global como medio de motivación, un plus para que el vehículo llegue mas rápido a su destino. Si piensas en pequeño, en una economía donde todo va muy rápido, quedarás estancado en un mundo de crecimiento continuo. Tendrás los elementos básicos, pero te faltará esa herramienta extra que te impulse a dar un salto cuántico de crecimiento.

Por lo tanto, quiero que forjes tu persona para que no te quedes sin combustible. Para ello, te presento "El combustible del ahorro". En el esquema que verás más adelante, he puesto los montos en dólares para fines prácticos, pero puedes hacerlo tanto en dólares como en la moneda de tu país. Eso sí, debes cumplirlo hasta terminar la última semana y así completarás un año con determinación y entusiasmo. Tú eliges el monto inicial de acuerdo con tus metas, pero yo te propongo un ahorro semanal de 30 dólares durante las tres primeras semanas del mes y, en la cuarta semana, 50 dólares, los cuales llamaremos "Aditivo mente millonaria".

Pero también quiero enseñarte un plan más libre: "El desafío DVC" (Disciplina, Voluntad y Carácter). Consiste en un método de ahorro escalable para así desarrollar una mente millonaria de una excelente manera, con metas claras y estableciendo los días de la semana que tú desees para hacerlo. Toma una caja y sepárala en cuatro espacios. A cada espacio asígnale una etiqueta: Disciplina, Voluntad, Carácter y Pensamiento millonario. Tú fijas el monto que depositarás en cada espacio y el día que lo llevarás a cabo. Yo te propongo hacerlo durante seis meses pero, si prefieres extender ese tiempo, adelante. No te recomiendo que lo acortes, para formar en ti una óptima conducta del ahorro.

EL COMBUSTIBLE DEL AHORRO

MES 1 →

DISCIPLINA 30 USD →
VOLUNTAD 30 USD →
CARÁCTER 30 USD →
ADITIVO MENTE
MILLONARIA 50 USD →

TANQUE 1
COMBUSTIBLE

=

SEMANA 1: 30 USD
SEMANA 2: 30 USD
SEMANA 3: 30 USD
SEMANA 4: 50 USD

ENERO: 140 USD

MES 2 →

DISCIPLINA 30 USD →
VOLUNTAD 30 USD →
CARÁCTER 30 USD →
ADITIVO MENTE
MILLONARIA 50 USD →

TANQUE 2
COMBUSTIBLE

=

SEMANA 1: 30 USD
SEMANA 2: 30 USD
SEMANA 3: 30 USD
SEMANA 4: 50 USD

FEBRERO: 140 USD

MES 3 →

DISCIPLINA 30 USD →
VOLUNTAD 30 USD →
CARÁCTER 30 USD →
ADITIVO MENTE
MILLONARIA 50 USD →

TANQUE 3
COMBUSTIBLE

=

SEMANA 1: 30 USD
SEMANA 2: 30 USD
SEMANA 3: 30 USD
SEMANA 4: 50 USD

MARZO: 140 USD

HASTA 12 MESES

- AJÚSTALO A TU MONEDA
- NO INTERRUMPAS EL AHORRO
- EVITA LA GRATIFICACIÓN INMEDIATA
- DEJA ESTE ESQUEMA EN UN LUGAR VISIBLE
- FORJA DISCIPLINA, VOLUNTAD Y CARÁCTER
- LO PUEDES HACER EN PAREJA

(AHORA A INVERTIR)

EL DESAFÍO DVC

1. ESPACIO DISCIPLINA
DURANTE 6 MESES

⬆

DEPOSITA
20 USD
CADA LUNES

2. ESPACIO VOLUNTAD
DURANTE 6 MESES

⬆

DEPOSITA
30 USD
CADA MIÉRCOLES

20USD | 30USD

40USD | 50USD

3. ESPACIO CARÁCTER
DURANTE 6 MESES

⬇

DEPOSITA
40 USD
CADA VIERNES

4. ESPACIO PENSAMIENTO MILLONARIO
DURANTE 6 MESES

⬇

DEPOSITA
50 USD
EL DÍA QUE QUIERAS

MÓNACO VERSUS RUSIA (DEUDA CHICA O DEUDA GRANDE)

Existen varios métodos para atacar las diferentes deudas que hayas contraído. No hay buenos ni malos, todo depende de tu perfil y tu ADN monetario, de los montos y de cuántas deudas, en definitiva, tengas acumuladas. ¿Con qué deuda empiezas? ¿Cuál tienes que pagar cuanto antes? Te presento tres métodos para definirlo. Tu situación particular será la que te guíe para establecer qué método resulta más práctico para ti. Al final, tú tienes la última palabra, así que usa el que más te convenga.

- MÉTODO ALL INCLUSIVE. No es otra cosa que sacar el balance de todas tus deudas. Grandes y pequeñas, sin hacerte el desentendido con ninguna: registra absolutamente todas. Después, deberás liquidarlas en un solo pago mediante un préstamo que puedes pedir en tu banco. Si no puedes acceder a este préstamo, deberás sacrificarte por un periodo de tiempo para encontrar otras fuentes de ingreso que te den el dinero que requieres para pagarlas.

- MÉTODO RUSIA. Si eres de los que no duerme por pensar en los altos intereses que estás pagando, este método es para ti. Realiza una lista con todas tus deudas, ordenándolas de mayor a menor, y destina todos tus ingresos extras, bonos, etc., a la primera deuda del listado. Mientras tanto, realiza los pagos mínimos en todas las demás deudas adquiridas. Tardarás un poco más en pagarlas, pero te aseguro que tu paciencia te otorgará dulces frutos. Se trata de ir atacando tus deudas de mayor a menor, destinando energía y recursos para abordar siempre la "deuda Rusia", es decir, la mayor. Cuando termines con ella, pasas a la siguiente y así sucesivamente.

- **MÉTODO MÓNACO.** Este método lo recomiendo para las personas que son algo impacientes y a las que les gusta ver resultados inmediatos, ya que se parte desde las deudas más pequeñas, o "deudas Mónaco", y se las ataca para ir eliminándolas una a una. Lo primero es hacer una lista con todas tus deudas, ordenándolas de menor a mayor. Luego destina todos tus ingresos extras, bonos, etc., a la primera deuda. Mientras tanto, realiza los pagos mínimos en todas las demás deudas adquiridas. Sentirás una gran gratificación al ver que cada deuda se va eliminando con mayor rapidez.

INVERSIÓN Y DINERO EN LA ERA DIGITAL

Desde hace muchos años tengo injerencia en el mundo de los bienes raíces, y en el ecosistema de la consultoría de negocios, y si hay algo que he visto de manera reiterada es cómo las personas insisten en hacer negocios bajo paradigmas obsoletos y viejas prácticas. Por lo que quiero dejarte algunas ideas y reflexiones básicas que te permitan ver esta era con nuevos ojos y con una nueva mentalidad.

- Hay que entender que la mente del cliente cambió. Estamos ante una persona más informada, que tiene todo en la palma de su mano y que requiere que tú te conectes con él en 20 segundos con un mensaje que mueva sus emociones e intereses. De lo contrario, seguirá consumiendo información y tú te perderás en un mundo digital.

- Es fundamental que, si quieres generar riqueza en esta era, dejes de consumir información y te conviertas en un generador de contenido de valor. De esta manera, el dinero llegará como consecuencia, al conectar con tu potencial cliente.

- En esta era digital, la base de todo es primero crear audiencia/tribu/clan donde puedas desarrollar un sentido de pertenencia. La gente de hoy quiere sentirse parte de algo importante, quiere pertenecer a un grupo y sentirse aceptada. Esto sucede con las tribus urbanas, o bien con todo el universo fitness, al cual cada día se adscriben más adeptos. Mi consejo: primero crea comunidad en tus redes sociales, luego vendrá la sensación de pertenencia y eso generará ventas.

- Muchos emprendedores no han entendido que hoy se puede hacer dinero sin dinero. Y siguen pensando que, si no poseen un capital considerable, no tienen oportunidades. Este es un grave error. El primer paso es conectar con la gente de una manera honesta y demostrarle que eres capaz de ser un buen administrador de recursos. Hay mucho dinero esperando por ideas disruptivas. Por ejemplo, para proyectos inmobiliarios. Tú solamente puedes tener un 5 % o 10 % del costo total del edificio, lo demás puede venir de bancos e inversión privada. Solo requieres credibilidad y, sobre todo, saber vender la idea.

- Si las empresas de esta era quieren generar grandes recursos, deberán tener como plan de trabajo el hecho de invertir en la "felicidad" del capital humano de su compañía. ¿O acaso crees que los empleados tristes trabajan y venden mejor que los felices?

MIS RECOMENDACIONES

1. En esta nueva era digital, deberás contar con un fondo de emergencia, porque si no lo tienes quedarás fuera del juego.

2. Si quieres obtener libertad financiera, primero deberás ser "mentalmente millonario", porque de lo contrario el dinero hará lo que quiera con tu valiosa vida.

3. Padecer batallas emocionales y financieras no es un problema, son situaciones con las que lidiamos los seres humanos. Pero contamos con diferentes herramientas para remediarlas. Hay que facturar todos los días y ser felices.

4. La inteligencia emocional es otra manera de conectar con el dinero, porque el dinero provoca emociones: de ti depende que las manejes con orden y compromiso.

5. La verdadera libertad no es hacer lo que te dé la gana, sino lo que deja paz en tu corazón.

MIS TIPS DE LA RIQUEZA

1. NUNCA CONFUNDAS EL GASTO DE DINERO CON ACEPTACIÓN SOCIAL. QUIEN TE ACEPTE LO HARÁ SIN PREOCUPARSE POR CUÁNTO DINERO TIENES.

2. TENER MÁS CRÉDITO NO SIGNIFICA QUE TE PODRÁS DAR MÁS GUSTOS. EL CRÉDITO CUESTA. NADIE TE REGALA NADA.

3. SI SOLO PIENSAS COMO "CONSUMIDOR", GASTARÁS Y GASTARÁS; SI PIENSAS COMO "GENERADOR", EL DINERO SIEMPRE ABUNDARÁ EN TUS BOLSILLOS.

} **UNA MENTE MILLONARIA CONOCE ESTAS REGLAS BASICAS Y LAS APLICA**

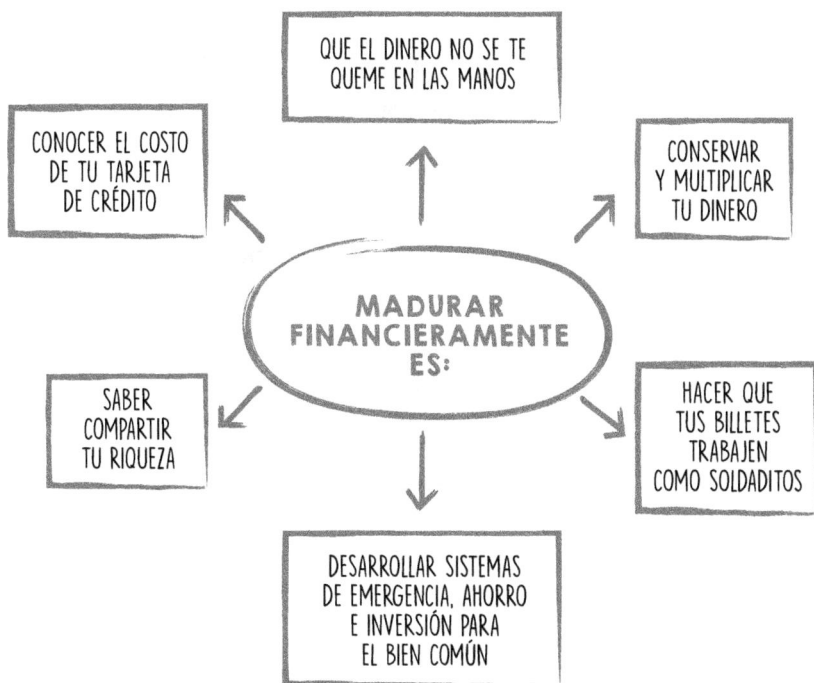

QUE EL DINERO NO SE TE QUEME EN LAS MANOS

CONOCER EL COSTO DE TU TARJETA DE CRÉDITO

CONSERVAR Y MULTIPLICAR TU DINERO

MADURAR FINANCIERAMENTE ES:

SABER COMPARTIR TU RIQUEZA

HACER QUE TUS BILLETES TRABAJEN COMO SOLDADITOS

DESARROLLAR SISTEMAS DE EMERGENCIA, AHORRO E INVERSIÓN PARA EL BIEN COMÚN

LA UNIÓN HACE LA FUERZA

Por último, en esta nueva era digital disponemos de un gran número de conocimientos, y hay que aprovecharlos al máximo y en conjunto, atesorando la mayor cantidad de riquezas existentes en nuestro ecosistema.

Las plataformas de la riqueza que te presento a continuación, unen diferentes sistemas para impulsarnos con mayor fuerza hacia la conquista de nuestros objetivos. De esta manera, tenemos, por un lado, la Plataforma del ahorro, que es donde buscamos seguridad y tener la menor cantidad de riesgos. Y por otro lado, tenemos la Plataforma de la inversión, que es aquella donde encontramos un riesgo calculado e intentamos generar productos o servicios, no solo consumir. Finalmente, yo te propongo la unión de estas dos y así obtendrás la Plataforma de la mente millonaria, con la cual tendrás una mente abierta, con visión de largo plazo y atenta al sistema digital en el cual vivimos.

PLATAFORMAS DE LA RIQUEZA

PLATAFORMA DE LA MENTE MILLONARIA

PLATAFORMA DEL AHORRO

- PERFIL DE SEGURIDAD
- RIESGO NULO
- DESTINAS DEL 10 % AL 20 % DE TU INGRESO
- HAY POCA PREPARACIÓN MENTAL PARA PERDER DINERO

↓

SISTEMA APRENDIZAJE

PLATAFORMA DE LA INVERSIÓN

- PERFIL DEL RIESGO CALCULADO
- MOTIVADOR Y MULTIPLICADOR DE RIQUEZA
- BUSCAS RENDIMIENTOS DEL 20 % ANUAL
- GENERAS VALOR, NO SOLO CONSUMES

↓

SISTEMA ACTIVO

+

PLATAFORMA DE LA MENTE MILLONARIA

- COMPRAS Y GASTAS CON INTELIGENCIA
- ESTÁNDARES GLOBALES
- VISIÓN DE LARGO PLAZO
- AUTODIDACTA
- TE SOBRA PASIÓN
- ENTREGAS VALOR
- MUCHA INTELIGENCIA EMOCIONAL
- NO IMPORTAN TANTO LOS TÍTULOS
- ESTÁS FELIZ TODA LA SEMANA, NO SOLO VIERNES Y SÁBADO

↓

SISTEMA DIGITAL

EPÍLOGO

Quiero agradecerte, querido lector y socio de vida, por
avanzar hasta aquí. Me hace muy feliz saber que has
llegado al final del libro, porque esto quiere decir que
has podido comprobar que es posible acceder a una
vida de libertad financiera y abundancia dando los pasos
adecuados.

Este es el cierre de la lectura, pero el comienzo de otro
camino: el de la prosperidad, el ahorro, la sabiduría
financiera, la inversión y, en definitiva, de un futuro de
nuevos retos. También es el inicio de una vida llena de
motivación, de inteligencia emocional y de crecimiento
personal.

Sabes que no basta con comprender los contenidos
y realizar los ejercicios. Lo que empiezas ahora es un
trabajo permanente de cambio, de fortalecimiento
de los hábitos adquiridos y de creación de desafiantes
metas a través de las herramientas que ya conoces y has
puesto en práctica.

Indudablemente, has hecho varias modificaciones en
tus maneras de actuar, pensar y planificar tu realidad
financiera, pero muchas otras quedan por hacer. Te
invito a que vuelvas a revisar todos los consejos, guías

y recomendaciones de este libro. Ya has aprendido a usar tu tenacidad, disciplina y esfuerzo para combatir la adversidad financiera y podrás avanzar hacia aquellos pasos que te falten concretar.

Mente millonaria no es solo un libro, sino que de ahora en adelante se convertirá en uno de tus instrumentos de consulta más útiles. Vuelve también todas las veces que necesites a los apuntes y reflexiones que hiciste en tu libreta. Esos apuntes y este libro serán una guía permanente que podrás utilizar siempre que haga falta. Estoy seguro de que valiéndote de tus dones y habilidades albergarás nuevos paradigmas. Encontrarás que el mundo está lleno de elementos que te servirán para tu nutrición financiera y, lo más importante, es que sabrás cómo actuar frente a situaciones sobre las cuales antes no tenías ni una pista. Puedes hacerlo y sé que lo lograrás.

Ahora que conoces más sobre la sabiduría del dinero y su potencial, sabes que hoy es posible alcanzar una libertad financiera como nunca se había visto en la historia de la humanidad. Hay mucho conocimiento y talento que puede ser puesto al servicio de los demás, impactando a millones de personas alrededor del mundo. Sencillamente convéncete de que puedes generar prosperidad de manera constante y permanente, y hazlo posible.

Sé que el mundo del dinero resulta difícil a veces, y quizás la vida no te puso en una situación de riqueza material, por lo que has tenido que trabajar muy duro para salir adelante haciendo lo mejor que puedes. Pero recuerda que lo más importante es qué haces con esas cartas que te tocaron: cómo las mezclas, las reacomodas, las conoces mejor y las vuelves a jugar. Usa tu creatividad, rompe con tu pensamiento tradicional, reconoce tus capacidades y atrévete a ponerlas en práctica para hacer dinero con ellas. Tus viejas heridas financieras ya no te condicionan. Eres consciente de tus logros y de tu proyección. ¡Sigue adelante!

He querido darte las bases para que te detengas a reflexionar y uses tu mente. Logra recoger los frutos que eres capaz de cosechar. Utiliza todo lo que te sirva de este libro y ponlo al servicio de los demás. Espero que a partir de hoy vuelvas a sonreír y a tener esperanza. Eres más grande que cualquier problema o deuda

económica. Vuelve a tu interior y desde ahí reescribe tu nueva historia de abundancia y prosperidad. Y, como siempre digo, ve y lleva prosperidad a los tuyos. Nunca olvides darle una mano a quien más lo necesita, que el Universo te lo devolverá multiplicado.

AGRADECIMIENTOS

A mi Dios, que es quien infunde los dones y talentos a los hombres.

A mis hijos, que son mi gran motor de vida e inspiración: Emiliano y Santiago.

A mis padres, por darme valores de vida y promover en mí el hacer siempre lo correcto.

A mi esposa, por la paciencia y por tratar de entender mi forma de pensar.

A mi hermano, por nuestra niñez inseparable tomados siempre de la mano.

A los seguidores-socios de mi fan page (Mente millonaria & Piensa como rico), que son mi fuente de inspiración y que aceptaron mi filosofía y estilo tan híbrido entre educación financiera, motivación y desarrollo personal.

A uno de mis mentores, Alfredo Negrete G., por enseñarme las bases del ecosistema de los bienes raíces. Lo recuerdo con gran cariño y le estoy muy agradecido.

A mi socio y amigo, José Luis Martinez L., por la confianza, valentía y visión compartida.

A V&R Editoras por la confianza y por entender que el tema de la educación financiera y la inteligencia emocional no deben quedar en el olvido.

Por último, a ti, querido lector, que estás pasando por una situación difícil y complicada, entiendo tu angustia y desesperación, pero créeme que hay una salida. Desarrollando la mentalidad correcta todo es posible.

www.ingramcontent.com/pod-product-compliance
Lightning Source LLC
Chambersburg PA
CBHW071549200326
41519CB00021BB/6663